보건교사 해방일지

보건교사 해밟일지
선생님들의 단짠단짠 성장 이야기

초 판 1쇄 2024년 11월 19일

지은이 정승례, 최보름, 양지은, 윤희
펴낸이 류종렬

펴낸곳 미다스북스
본부장 임종익
편집장 이다경, 김가영
디자인 임인영, 윤가희
책임진행 이예나, 김요섭, 안채원, 김은진, 장민주

등록 2001년 3월 21일 제2001-000040호
주소 서울시 마포구 양화로 133 서교타워 711호
전화 02) 322-7802~3
팩스 02) 6007-1845
블로그 http://blog.naver.com/midasbooks
전자주소 midasbooks@hanmail.net
페이스북 https://www.facebook.com/midasbooks425
인스타그램 https://www.instagram.com/midasbooks

ISBN 979-11-6910-918-5 03370

값 **19,500원**

미다스북스는 다음세대에게 필요한 지혜와 교양을 생각합니다.

보건교사 해밟일지

선생님들의 단짠단짠 성장 이야기

정승례

최보름

양지은

윤 희

미다스북스

제1장

마음

: 울림에 귀 기울이다 보면

제2장

동행

: 함께 황금 양털을 찾아요!

제3장

도전

: 가슴 뛰는 일을 하는 거야!

제4장

만남

: 또 다른 나를 찾는 시간

추천사

이 책은 학생들과의 진솔한 경험을 나눈 보건교사의 이야기입니다. 그
들의 이야기를 통해 보건교사의 역할이 건강을 돌보는 일에만 머무는 것
이 아닌, 학생들의 삶에 따뜻한 빛을 더하는 동행자로 자리한다는 것을
느낄 수 있습니다. 교육은 삶을 통해 실천되며 만남을 통해 그 열매를 맺
습니다. '읽걷쓰'가 일상의 삶에 스며들어 삶이 배움이 되는 학교를 만드
는 마중물이 되었듯이, 이 책을 만나는 독자들이 선생님들의 이야기를 만
나 삶을 나누고 공감할 수 있는 또 다른 도전이 펼쳐지길 바랍니다. 즐겁
게 읽고 온전하게 경험해 주도적으로 참여하는 '읽걷쓰' 교육을 통해 일
상의 경험이 특별한 배움이 되는 계기가 되길 바랍니다. 보건교사의 꿈과
성장을 담은 에세이가 독자에게 따스한 온기를 전할 수 있길 응원합니다.

- 도성훈(인천광역시교육감)

이 책은 보건교사 네 분의 열정과 헌신이 담긴 소중한 기록입니다. 그들의 꿈과 성장을 향한 긴 여정은 모든 교육자에게 큰 감동과 영감을 줄 것이라 확신합니다. 또한 '보건교사'라는 중요한 이름을 가진 분들이 어떻게 학생들과 소통하고, 그 속에서 자신의 역할을 더 깊이 있게 만들어 가는지에 대한 많은 깨달음을 선사할 것입니다. 보건교사의 손길이 필요한 곳마다 따스한 위로와 긍정의 에너지를 전하는 이 책은 모든 교육 현장에 함께하는 이들에게 울림이 있을 것입니다. 이 책이 일상 속에서 건강한 마음과 동행할 수 있도록 큰 힘이 되기를 바랍니다.

- 김기춘(인천광역시동부교육지원청 교육장)

교육 현장에서 학생들의 건강과 안전을 위해 늘 헌신하시는 보건교사와 장학사들의 이야기가 이렇게 따뜻하게 다가올 줄 몰랐습니다. 『보건교사 해방일지』는 4명의 보건교사가 걸어온 길을 통해 아이들과 함께 성장하며 꿈을 꾸는 진솔한 삶의 기록입니다. 이 책은 매일 바쁜 일상에서도 자신의 열정과 책임감을 놓지 않는 교사들의 애환과 기쁨을 담아, 보건교사로서의 소명과 자부심을 다시금 일깨워줍니다. 오늘의 우리를 더 나은 내일로 이끌어주는 이들이 바로 여기 있습니다. 이 책을 읽으며 선생님들이 만들어 가는 내일의 꿈이 더욱 풍성해지기를 기대합니다.

- 유충열(선인고등학교 교장)

보건실에서 만난 아이들의 몸과 마음의 아픔을 보듬으며, 안정된 삶을 넘어 끊임없이 도전을 이어가는 네 명의 보건교사들의 진솔한 이야기가 담긴 『보건교사 해방일지』 이 책은 보건교사로서의 사명감뿐 아니라, 인간으로서 꿈을 찾아가는 여정이 생생하게 그려져 있습니다. 매일 마주하는 아이들의 이야기 속에서 자신을 돌아보고, 하루하루 낭만을 만들어가는 그들의 모습은 독자들에게 깊은 공감을 불러일으킬 것입니다. 안정 속에서도 새로운 성장과 변화를 추구하는 그들의 열정이 독자들에게 많은 영감을 줄 것으로 기대합니다.

- 최환영(인천광역시교육청 체육건강교육과장)

보건교사는 학교의 든든한 버팀목이자, 학생들이 건강한 삶을 살 수 있도록 지원하는 소중한 존재입니다. 이 에세이집은 그 소중한 보건교사들의 이야기와 성장이 담긴 귀한 기록입니다. '마음, 동행, 도전, 만남'이라는 주제 안에서, 학생들과 함께 울고 웃으며 맞이한 일상들이 펼쳐집니다. 보건실의 한편에서 들려오는 진심 어린 이야기들은 독자의 마음을 어루만지고, 우리의 눈을 조금 더 따뜻하게 만들 것입니다. 학생들의 곁을 지키며 묵묵히 나아가는 보건교사들의 발자취는 큰 울림으로 다가와, 독자에게 긍정의 힘이 전해질 것이라 강력히 추천합니다.

- 강류교(전국 보건교사회 회장)

말 그대로 보건교사들의 해방일지다. 본인에 대한 끊임없는 성찰과 도전으로 마음의 해방을 이루는 이야기이다. 그 안에는 보건교사로서, 장학사로서 존재하며 아이들과 사회를 향한 사랑이 함께 있다. 원하는 것이 무엇인지, 내가 누구인지 끊임없이 고민했기에 이를 글로 쏟아낼 수 있는 교사들의 이야기이다. 삶을 생각할 수밖에 없는 중간 항로에서 고민, 도전, 실천을 통해 이타적인 삶의 여정으로 나아가는 우리 시대 보건교사들의 글을 많은 독자가 사랑해 주기를….

- 안예진(『독서의 기록』 저자)

마음에서 동행으로, 도전에서 만남으로
: 이 길의 끝에서 내 꿈은 이뤄질까

교사로서 학교에 첫발을 내딛는 순간부터 우리는 매일 수많은 이야기를 새롭게 써 내려가고 있습니다. 소소한 일상에서부터 예상치 못한 상황에 이르기까지, 학교라는 작은 세계 속에서 보건교사로 살아가며 마주치는 수많은 경험은 우리에게 깊은 울림을 남깁니다. 아이들과 나눈 대화한 마디, 동료와 나눈 따뜻한 격려, 때로는 자신의 한계를 넘어야만 했던 순간 속에서 우리는 새로운 깨달음과 성장을 얻었습니다.

『보건교사 해방일지』는 학교 안에서만 머무르지 않고 꿈을 확장하고 도전하며 성장하는 보건교사들의 이야기를 네 가지 키워드로 풀어냈습니다.

첫 번째 장 '마음'은 자신이 누구인지를 찾으며 미처 말하지 못한 내면의 소리를 잘 들어보라는 이야기를 담고 있습니다. 내면의 울림에 귀 기울이다 보면 자신의 상처를 보듬며 성장하는 반짝반짝 빛나는 꽃이 될 거라고 말합니다. 오늘을 살아가는 자신에게 따뜻한 위로 한마디와 포옹을 선물해 주세요.

두 번째 장 '동행'은 학교 안에서 매일 만나는 아이들, 그리고 든든한 동료들과의 길을 담고 있습니다. 서로 짐을 나누고 같은 목표를 향해 나아가는 동료들은 우리에게 큰 자산입니다. 함께할 때 지치지 않고 나아갈 수 있으며, 아이들과의 일상에서 같은 눈높이로 그들의 꿈과 세상을 새롭게 발견하게 됩니다.

세 번째 장 '도전'은 학교 안에서는 보건교사로, 학교 밖에서는 그 이상의 도전을 꿈꾸며 한발 더 나아가는 이야기를 담고 있습니다. 학창 시절엔 가능성이 무한하여 무엇이든 도전해 보는 게 어렵지 않았습니다. 하지만 어른이 되면서 많은 실패와 포기를 겪다 보면 도전은 점점 벅차고 두려운 일로 다가옵니다. 그러나 여전히 설레는 일이 있다면 과감히 도전하는 용기를 가져야 합니다. 실패해도 괜찮습니다. 주눅 들지 않고 여러 번 시도하는 도전은 무엇도 하지 않는 것보다 훨씬 값진 경험이니까요.

마지막 장 '만남'은 우리를 성장으로 이끄는 소중한 관계에 대한 이야기입니다. 학생들의 순수한 마음과 신뢰, 동료들과 함께한 기쁨과 아픔이 담긴 순간들은 우리를 더욱 따뜻하고 단단한 사람으로 만들어 줍니다. 이 관계들 속에서 우리는 혼자서는 알지 못했던 새로운 나의 가능성과 재능을 발견하게 됩니다. 그렇게 다른 이들과 함께하는 만남을 통해 마주한 나 자신은, 더 큰 꿈을 품고 한 걸음 더 나아갈 용기를 얻습니다.

이 책에 교사의 자리에서 시작된 평범한 일상과 도전의 순간들, 교사로서 그리고 한 사람으로서 삶의 의미를 찾아가는 여정, 학교라는 공간을 넘어 꿈을 확장하고자 하는 이야기들을 담았습니다. 이 책이 예비 보건교사, 현직 보건교사 그리고 학생과 독자들에게 따뜻한 위로와 함께 작은 용기가 되기를 소망합니다. 또 바쁜 일상에서도 잠시나마 마음을 내려놓고 숨을 고를 수 있는 작은 쉼터가 되기를 바랍니다.

※ 작가들을 제외하고, 이 책에 나오는 인물의 이름은 모두 가명입니다.

제1장

마음

울림에 귀 기울이다 보면

정승례

꿈은 우리 마음 안에 있다.
내가 차마 말하지 못한
나의 목소리를 듣는 것에서
성장이 시작된다.

재능 없는 왼손잡이

오랜 세월이 지난 후 나는, 내가 선택한 길 위에서 힘들고 지쳤다는 사실을 고백한다. 그래서 현재의 청소년들이 나처럼 후회할 길이 아닌 꿈을 꿀 수 있는 길을 걸어갔으면 싶다. 그 길을 흔들리지 말고 뚜벅뚜벅 용감하게.

마을 이름에도 촌(村)이 들어가는 주위엔 온통 논과 밭뿐인 촌에서 자라고 컸다. 가장 높은 건물은 교회였다. 교회 첨탑이 동네 어디서나 보였다. 아직도 잊지 못하는 풍경은 둑에서 바라보는 해 질 녘 붉으면서 노란 노을이었다. 황홀한 하늘을 배경 삼아 헉헉거리는 뜀박질을 하노라면 스트레스가 날아갔다. 잊고 싶은 나쁜 기억도 있었다. 하지만 밝은 미래가 나에게 흐르는 강물처럼 쭈욱 펼쳐질 것만 같았던 시절이었다.

어린 시절 꿈은 운동선수가 되고 싶었고, 초등 고학년 땐 에디슨을 읽고 과학자가 되고 싶었다. 중학교 땐 책을 많이 읽었지만, 경찰이 되고 싶었다. 그 뒤 작은 키 때문에 그 꿈은 접었다. 고등학교 시절에는 이과생이라서 연구실에 박혀 실험하는 과학자가 되고 싶었다. 또 다락방에서 사과를 베어 먹으며 글을 쓰는 작가도 되고 싶었다. 이과와 문과가 공존하는 꿈이 많은 학생이었다.

정말이지 간호사란 직업은 꿈에서도 꿔본 적이 없었다. 내성적이고 스트레스를 끌어안는 나는 간호사라는 직업과는 전혀 인연이 없어 보였다. 환자를 대하는 병원에서 근무하리란 생각 자체를 해본 적도 없었다. 당시 집안에서 발언권이 제일 셌던 큰오빠의 뜻대로 취업률이 높다는 이유로, 지방대 합격을 버리고 전문대 간호학과로 입학했다.

가난은 꿈에도 꿔본 적 없는 길로 운명을 이끌기도 한다. 합격 통지서가 왔을 무렵, 겨울이라 아무것도 남지 않은 밭에 고등학교 책과 정성스레 필기했던 노트들을 한데 모았다. 그리고 활활 불태웠다. 내 마음도 같이 차가운 겨울바람에 나뒹구는 재로 만들었다.

대학 생활은 정말 재미없었다. 간호학과에서 배우는 내용이 몽땅 싫었다. 침구 정리하는 실습은 최악이었다. 차분하지 못하고 덤벙대는 탓이었지만 나한테 화살을 돌리진 않았다. 이런 실습을 내가 왜 하는 거지? 이런 생각을 해서인지 친구들과 잘 어울리지도 못했다.

여자 선배들이 100%라 선배들의 엄격함도 이해하지 못했다. 잔디

밭에 빙 둘러앉아 선배들이 건네는 막걸리도 싫었다. 처음으로 술을 접한 내가 그때 술을 못 마신다는 걸 알았다. 술 한 모금에도 심장은 100미터 달리기하듯 뛰었고, 위는 감당하지 못해 다 토해냈다.

마지막으로 대학의 꽃이라 여겨진 MT를 기대하며 들뜬 마음으로 갔다. 밤중에 일어난 일만 아니었다면 낭만 자체로 남았을 텐데…. 2학년 선배들이 신입생들에게 얼차려를 강요했다. 부당하다고 들고 일어서지 못한 내가 그렇게 한심해 보였다.

그나마 1학기 성적이 바닥을 친 게 아니라서 천만다행으로 여겼다. 2학기가 되자 과목들이 바뀌면서 나는 마음을 고쳐먹기로 했다.

'그래, 공부하자! 빨리 취업해서 돈 벌어보자. 번 돈으로 하고 싶은 거 해보자!'

그렇게 공부하면서 친해진 친구가 얼굴도 몰랐던 고등학교 동창이었다. 그 친구와 주말에 만나서 고등학생처럼 빈 강의실에서 공부를 하니 보란 듯이 2학기부터 성적이 쑥 올랐다.

보건교사 자격은 그때나 지금이나 성적순으로 철저히 나눈다. 다행히 성적을 맞추어 초등학교로 교생실습을 나갔다. 학교에서의 실습은 처음이어서 많이 긴장한 상태였는데 아이들이 내뿜는 밝은 에너지가 좋았다. 지역사회 실습도 나가면서 간호학과의 매력을 조금씩 알게 되었다.

그런데 생각지도 않은 복병을 만났다. 내가 주사를 못 놓는다는 것이었다. 당시에는 귤에 몇 번 찔러보고 정해진 파트너와 팔뚝을 교환했다. 가느다란 팔에 있는 파트너 혈관을 세 번이나 터뜨려 시퍼렇게 멍들게 했다. 입술을 꽉 깨물고 고통스러워하는 친구는 아무 말도 하지 않았다. 정말 고마웠지만 이미 내 정신은 멀리 나가버렸다. 용감한 친구는 다음날에도 손을 내줬지만, 난 실패를 거듭했다. 그날 뒤로 트라우마가 생겨 주사를 놓을 때마다 손이 떨렸다.

주사를 놓는 게 더 어려웠던 점은 내가 '왼손잡이'라는 사실이었다. 환자들 대부분이 오른손잡이라 왼손을 보면 불편해한다는 교수님 말씀에 가슴이 쿵 내려앉았다. 그때부터 혈압 측정도, 주사도 오른손으로 연습했지만 잘 쓰지 않던 손이라 힘도, 감각도 다 떨어졌다. 주사는 정말 손의 감각이 뛰어나야 하는데, 난 그 감각을 타고 나지 못한 것 같았다. 아마 내 진로를 결정한 큰오빠도 내가 왼손잡이라는 사실을 새까맣게 잊고 있었나 보다.

간호학과에 적응하던 나는 병원 실습하면서 주사라는 문제와 계속 맞닥뜨렸다. 촛불을 들고 엄숙하게 나이팅게일 선서를 했지만 나아진 건 없었다. 내 마음에 생채기를 내면서 이를 악물고 버텼다. 나를 지원해 줄 경제적인 도움은 기대할 수 없었다. 그땐 종교도 딱히 없어서 모두를 원망하며 시간을 보냈다.

'왜 주사도 못 놓는 나를 간호사를 시키려고 했을까?'

'왜 나는 그때 다른 과를 선택하겠다고 말하지 못했을까?'

'왜 나는 고등학교 때 공부를 잘하지 못했을까?'

'왜 나는 이런 가난한 집에 태어났을까?'

고민이 또 다른 고민을 낳고 있었다. 내 힘으로는 해결할 수 없어서 그냥 받아들여야 하는 현실과 마주해야 했다. 싫지만 억지로 붙들고 있는 심정은 경험한 사람만이 공감할 것이다. 안타깝게도 대학을 박차고 나올 용기는 전혀 없었다.

그런데 신이 나에게 판도라의 상자처럼 마지막에 건네준 게 '희망'이었다. 정신과 실습을 할 때 간호사 운명은 여기라고 느낄 정도로 나를 강하게 이끌었다. 어린 시절 해결되지 못한 갈등, 주사 트라우마, 현재의 고민이 정신과로 움직이게 했다.

돌이켜보면 그 시절 나는 간호대학을 정말 싫어했다. 고등학교 시절까지 사람에게 주사를 놓는다거나 피를 뽑는 그런 상상을 해본 적이 없었다. 백의의 천사라고 불리는 간호사라는 직업이 있는 줄은 알았다. 하지만 언제나 관심 밖이었다.

나에게 과거로 돌아가는 타임머신이 있다면 고등학교 시절로 가서 좋아하는 걸 하기 위해서는 그만큼 공부해야 한다는 걸 알려주고 싶다. 그리고 결정자인 큰오빠에게 내가 왼손잡이라 병원과 맞지 않음을, 물론 왼손잡이 모두가 간호사란 직업이 힘들지는 않겠지만, 재능

없는 왼손잡이도 있음을 말해주고 싶다.

누군가 이렇게 물을지도 모르겠다.

"구구절절 네 말이 다 맞다손 치자. 하지만 너는 결국 하고 싶은 거다 했잖아. 네가 걸어왔던 길이 진짜 아닐까? 다른 선택이 더 나쁠 수도 있잖아. 안 가봐서 모르는 거지!"

"음, 그렇게 보일 수도 있겠네. 근데 적성과 안 맞는 대학 다니면서 내 마음이 얼마나 힘들고 지쳤는지 아무도 모를 거야. 아무에게도 말할 수가 없었어. 방학 땐 아르바이트에 학자금 대출까지 받으면서 대학에 다녔어. 누구에게 하소연하겠어, 안 그래? 자기 최면을 걸어, 그냥 진짜라고 믿게끔 만들려고 했지. 근데… 안 됐어. 내 가슴이 알더라!"

2

구르는 바윗돌처럼

"구르는 돌은 이끼가 끼지 않는다."라는 속담이 있다. 멈추진 않았지만 나는 구를 때마다 이게 맞는지 고민하고 아파했다, 죽을 만큼.

주사에 대한 트라우마가 있던 나는 정신과를 지원했다. 4월 발령을 받아 8년 동안 근무한 곳이다. 청춘이 고스란히 녹아든 추억의 장소이기도 하다. 시간이 많이 흘러 흐릿한 추억이 되었지만, 미숙했던 모습은 사진처럼 선명하다. 그때를 떠올리면 의욕만 넘치고 타협을 몰랐던 내가 구르는 바윗돌처럼 다듬어졌던 것 같다. 요령 없이 구를 때마다 이게 맞는지 고민하고, 마음에 무수한 생채기를 내며 아파했다. 8년 동안 무엇을 잃고 무엇을 얻었을지 과거로 떠나본다.

병원 근무하는 동안 여러 번 사직서를 꺼내 들게 만든 힘들었던 나의 단점 세 가지를 빼놓을 수 없다.

단점 중에서 가장 최악은 '형편없는 주사 실력'이라고 단언할 수 있다. 반복 입원과 장기 입원이 잦은 폐쇄병동이 가진 특성상 환자들의 혈관 상태가 그다지 좋지 않았다. 얇은 주삿바늘을 이용해 수액을 맞혀야 하는 환자의 거미줄 같은 혈관을 터뜨리면 다음 혈관 찾기가 힘들어졌다. 다시 찔림을 당해야 하는 환자에게 나는 연거푸 죄송하다고 고개를 조아려야 했다. 환자분들은 내가 근무하는 날에 수액을 맞는 게 무지무지 싫었을 게 분명했다.

훗날 내가 아파서 산부인과에 입원한 적이 있었는데 여러 번 찌르는 간호사를 봤다. 그 간호사가 근무하는 날 수액을 새로 맞는 날이 아니길 기도까지 했다. 주사 못 놓는 간호사가 병원에서 주사를 놓아야만 한다는 게 아이러니이지 않을까.

다음으로는 '덜렁이'라는 사실을 빼놓을 수 없다.

내가 있던 정신과는 전산화가 늦어져 약 카드를 수기로 쓰고 있었다. 정신과 특성상 환자가 말하는 증상에 따라 의사들은 약을 수시로 바꿨다. 그래서 용량, 횟수를 정확히 옮겨 적어야 했다. 수기로 적힌 약 카드를 보며 해당 근무 간호사들은 환자들이 먹을 약을 준비했다. 약 카드에 횟수 등을 잘못 적거나 하면, 환자들은 실제 오더와 다른 용량의 약을 먹어야 했다. 그러면 정신과 약의 부작용으로 환자가 처질 수 있었다.

선배들이 실수를 몇 번 찾아내 심하게 꾸짖었다.

"너 몇 년 차야? 약이 얼마나 중요한데 이런 실수를 하는 거야. 똑바로 옮겨 적어!"

"네⋯."

약을 옮겨 쓸 때는 바짝 정신을 차리려고 애썼다. 그런데도 실수가 발견돼 쥐구멍에 들어가고 싶었던 적이 종종 있었다.

마지막 단점은 '오해를 부르는 인간관계'라고 말할 수 있다.

나는 스스로를 상자에 가두는 생각과 행동으로 많은 오해를 불렀던 것 같다. 젊은 시절의 나는 사회 정의를 외치면서 융통성이라곤 전혀 없는 답답한 사람이었다. 특히 술을 못 마셨던 나는 억지로 술을 권하는 회식이 무지무지 싫었다. 구토 고문이라고 여겨 회식 날마다 근무를 자청했다. 같이 근무했던 내 동기와는 전혀 달랐다. 동기는 외향적이고, 사이코드라마를 잘 이끌고, 회식 자리를 빛냈다. 사람들과 잘 어울리며 늘 밝은 성격을 가진 동기를 좋아했지만, 윗사람에겐 비교의 대상이 돼버렸다.

그런데 누구나 알다시피 성향이라는 건 쉽게 바뀌는 게 아니다. 한때 정의감, 사명감으로 무장했던 내가 병원 노조 대의원이 되어서 파업에 참여했던 적이 있다. 임금협상이 결렬되어 정신과도 처음으로 파업에 참여했다. 최종 합의된 임금은 수간호사를 포함한 관리자에게 유리하게 인상된 금액이었지만, 정작 나는 수간호사의 미움을 한 몸에 받고 말았다. 파업 때문에 수간호사가 여러 번 늦게까지 근무하곤 했기 때문이다. 머리로는 수간호사가 육체적으로 고됐을 거라 이해했지만 나는 나를 위한 게 아닌 모두를 위해 발 벗고 뛴 거라서 마음에 큰 상처를 입고 말았다.

사람은 혼자 살 수 없기에 인간관계가 중요한데, 노력으로도 되지 않는 게 인간관계라는 것을 깨달았다. 나와 같은 성향의 사람들은 선택이란 갈림길에서 신중하게 결정했으면 좋겠다. 마음은 다쳐도 피는 안 나지만 상처는 더 깊고 아프다. 지난 시간을 뒤돌아볼 때 정신과 간호사로서 나를 돌보지 않고, 내 마음의 곪은 상처를 몰랐다는 게⋯ 스스로에게 미안하다.

8년 동안 얻었던 것은 직진 운전과 학업에 대한 열정이었다.

첫 도전은 '운전'이었다.

여전히 촌에 살아 3교대에 맞게 출퇴근이 힘들었기 때문에 운전이 필수였다. 착한 정신과 발령 동기가 운전 연습하라고 프라이드 중고차를 주었다. 사촌 도움을 받아 주행 연습을 했다. 운전에 자신이 생겼다. 겁 없이 혼자 운전한 첫날, 모퉁이에서 봉고차와 접촉 사고가 났다. 그날을 잊을 수가 없다. 시작부터 돈이 나가기 시작했다. 병원 8년 동안 운전은 자잘한 사고들의 연속일 정도로 공간지각능력이 정말 형편없었다. 애초에 운전대를 잡은 게 문제였다. 그나마 다른 사람을 다치게 하지는 않아서, 신에게 감사하며 운전하고 다녔다.

튼튼한 농기계에 부딪혀 프라이드가 너덜너덜해질 무렵 모아둔 월급을 털었다. 차가 작으면 운전을 잘할까 싶어 중고 마티즈를 샀다. 병원으로 가는 지름길에 야트막한 언덕이 있었다. 비 오는 저녁 무렵, 그곳에서 마주 오는 차를 비켜주다 바퀴가 진흙탕에 빠진 적이 있었다. 차가 제자리에서 꼼짝도 안 해 진땀을 흘리는 사이에 고맙게도 뒤따라오던 차 운전자가 체인으로 연결해서 빼줬다.

또 한 사건은 자주 가는 도서관에서 주차하다 발생했다. 덮개가 없는 하수구에 바퀴 한쪽이 빠지자, 근처에서 쉬고 있던 사람들이 차를 들어 올려줬다. 가장 큰 사건은 길 하나만 있는 친구 집에 가다가 일어났다. 한눈팔다 농수로에 처박힐 뻔했다. 그때도 지나가는 차 운전자가 견인차에 연락해 줘 구조를 받았다. 나의 운전 도전은 8년 동안 직선만 잘 가는 엉터리로 기억되지만, 다행스럽게도 항상 착한 사람들을 만나 도움을 받았던 것 같다.

그리고 더 나은 내가 되고자 했던 '학업에 대한 열정'이 떠오른다.

선배랑 동기와 같이 방송통신대학에 입학했다. 방송통신대학은 학사를 따기 위한 과정이었다. 간호사들은 쉬는 날을 오프라고, 표현한다. 오프 때 강의를 듣고 시험을 보는 게 행복했다. 그때 장학금도 받아 더 신났는지 모른다. 공부가 그렇게 재미있을 수 있다는 게 신기했다. 더 일찍 알았더라면 좋았을 텐데, 삶을 살다 보면 그땐 모르고 지금은 알아버린 게 너무 많다.

방송통신대학을 졸업하고 대학원에 진학했다. 현직 정신 간호사다 보니 전공은 정신 간호학이었다. 대학원 시절, 새벽 기차를 타고 사회복지로 유명했던 대구 계명대에 가서 대학교수님 강의를 들었다. 어떤 날은 서울로 가서 정신질환이 있는 가족 교육에도 참여했다. 이제는 무슨 내용인지 기억도 안 나지만 새벽에 일찍 일어나 기차에 올라타면서도 피곤하지 않았다. 정말 열심히 움직였다. 무언가를 배운다는 게 비타민이 되어 활기가 넘쳤던 시절이었다. 내 영향인지 선배들이랑 동기가 대학원에 들어갈 정도로 병원에 뜨거운 교육 열기가 퍼져 나갔다.

그러나 대학원을 졸업해도 막상 새로운 일들은 일어나지 않았다. 머릿속은 꽉 차가는데, 현실에선 다람쥐 쳇바퀴 도는 그 자리를 벗어나지 못했다. 돌덩어리를 가슴에 얹은 것처럼 답답했다. 8년간의 병원 생활을 한 단어로 말하라고 하면 '구르는 바윗돌처럼'을 뽑고 싶다. 모난 바윗돌이 이리저리 부딪쳐 돌멩이가 되듯이, 그렇게 나는 이리저리 흔들렸다.

게다가 단독으로 있는 커다란 정신과가 축소되어 본원으로 흡수된다는 소문이 돌았다. 차분하지 못하고, 주사도 자신 없는 나는 병원 생활에 마침표를 찍고자 했다. 남편에게 이야기한 후 사직서를 제출했다. 앓던 이 빠지듯 좋아하는 수간호사를 바라보면서 방황하던 병원 생활은 그렇게 끝났다.

3

나는 누굴까?

"나는 누구인가?" 이 물음에 자신 있게 답할 수 있는 사람은 얼마나 행복한가!

20대에 만난 보험설계사가 암보험을 80세 만기로 들어야 한다는 것을 부득부득 나이를 65세로 변경한 적이 있다. "일찍 죽을 거 같아서요!" 보험설계사는 속으로 코웃음을 쳤을 것이다. 아하! 지금 생각하면 얼마나 유치한가.

그 시절의 난 죽음에 대해서 많이 심취했었다. 정신과라는 특수성이 한몫했을 것이다. 정신과 간호사들은 종종 자살 시도를 목격하기도 한다. 자살 시도에 대해 여러 번 들었다. 가장 기억에 남는 사건은 우울증 환자가 수액 줄로 시도하려는 것을 선배 간호사가 발견해서 막았다는 것이다. 서서히 환자들에게 우울이란 감정이 물들었을지도 모른다. 하지만 본래 나 자신이 가지고 있던 어둠이 나를 조금씩 파먹었던 것 같다.

"빈 수레가 요란하다."라는 속담이 있다. 나는 속이 텅텅 비었는데도 아는 체하고 더 떠들었는지 모른다. 또 신문 기사를 읽으며 사회 불평등에 대해 열변을 토하기도 했다. 그래서 윗사람들이 자기주장이 강한 나를 오해해서 싫어했을 수도 있다. 외골수인 성격 탓도 한몫하며, 희망과 절망 사이에서 고민하며 시간을 보내곤 했다.

대학원을 졸업하고 변하는 게 하나도 없을 땐 뜨거운 돌덩이를 삼킨 것처럼, 이러지도 저러지도 못하고 가슴이 타들어 갈 것만 같았다. 다른 능력은 제자리였지만 학력만 높아졌다. 병원을 그만두려고 산업간호사도 알아보고 다녔지만, 마땅한 자리가 없었다. 하여튼 내가 갈망하는 걸 찾기 위해 몸부림을 쳤던 시기였다.

그나마 갈등이 많았던 내가 8년이란 세월을 버틴 것은 동료 간호사들 때문이었다. 따뜻한 선배들과 밝은 동기가 나를 지탱해 준 기둥이었다. 고등학교 선배도 있었지만, 대학 선배들이 다수였다. 군기를 잡았던 바로 위 선배보다도 그보다 높은 선배들이 살뜰히 챙겨줬다. 실수하면 혼나기도 했지만, 사석에선 친절했다.

한 선배는 고등학교는 선배인데 방송통신대학은 동기이고 대학원은 후배라고 놀려도 나무라지 않았다. 착한 선배는 "그럴 수 있어!"라는 말을 자주 해줬다. 우리가 기계가 아니고 사람이라는 사실을 깨우쳐 주곤 했다. 내가 그만두고 나서 그 선배도 병원을 그만두었다. 박사 과정을 밟은 뒤 현재는 모교에서 학생들을 가르치고 있다. 내 곁에 좋은 사람들이 있어서 희망을 꽉 붙들었는지 모른다.

막상 대학원을 졸업하니 근무가 아닌 시간에 할 일이 없었다. 학업이란 열정이 급하게 식어버리니 모든 게 무료하고 지루해졌다. 그래서 하고 싶었던 것을 배우기로 결심했다. 어릴 때 못 배운 태권도가 그렇게 하고 싶었다. 날라서 발차기하는 태권도 선수들이 그렇게 멋있을 수가 없었다. 나도 공중에서 한 바퀴 돌고 싶었다. 그때까진 몸무게가 표준이었으니, 지금 같으면 아예 시도조차 안 했을 것이다. 태권도장에 들어갔는데 현실은 귀여운 꼬맹이들이 나의 선배님이었다. 20대 후반에 식초를 아무리 마셔도 뻣뻣해 옆차기에서 허리 통증이 반복돼 그만뒀다. 고백하노라면 노란 띠를 두를 때였다.

또 이창훈과 이세돌이 바둑으로 날리고 있었던 때라 바둑에 관심을 가졌다. 그것도 3개월 만에 포기. 영어도 배우고 싶어 가입했는데 들쑥날쑥한 3교대 근무 탓에 포기했다. 병원을 그만두었다면 원하는 걸 빨리 찾았을지도 모른다. 하지만 먹고 사는 생계가 달려 있어 결정을 못 내렸다.

사실 대학원에 들어갈 때 고민을 많이 했다. 진짜 마음은 제대로 글쓰기를 배우고 싶었다. 다만 근무하면서 시간을 빼는 게 어려워 최종 선택으로 간호학을 고른 거였다.

고등학교 시절까지는 책을 좋아하기만 했다. 글 쓰는 사람은 나와 다른 존재라고 여기면서 책장을 넘겼다. 대학생 시절, 대학에서 주최하는 공모제에 처음으로 응모하여 수필이 당선된 적이 있다. 글을 쓰고자 하는 배고픔이 생긴 게 그때부터였나 보다. 전문적으로 글을 배운 게 아니라서 처음엔 시부터 따라 썼다. 내가 가장 좋아하는 시는 천상병 시인의 「귀천」이다. 그렇게 의미가 자연스럽게 가득 담긴 시를 쓰고자 좋아하는 시를 수없이 필사하곤 했다.

신춘문예는 넘볼 수 없는 높은 벽이어서 작은 문학상 시 부문에 도전했다. 많은 시어를 버리는 연습에 땀을 흘리라는 비평에 고개를 못 들었다. 부끄럽게도 다른 시인들이 쓴 좋은 문구는 다 갖다 쓴 걸 알기 때문이었다. 나는 존경하는 시인들의 발뒤꿈치 때만큼도 못 따라갈 것 같았다. 그래서 깨끗하게 시를 포기했다.

이번엔 소설에 도전했다. 사실 순서는 정확하게 기억나지 않는다. 하나씩 하나씩 포기했었다는 것만은 분명하다. 간호문학상에 소설 부문이 당선되긴 했지만, 심사위원의 날카로운 지적에 날개가 꺾였다. 나름 글 실력이 향상되었다고 느꼈는데 결국 아니었다. 지금도 내 소설은 감성적이고, 아름다운 문구는 없고, 줄거리에 일관성이 없다. 글을 쓰기 위해선 처음에 어떻게 쓸 것인지 청사진을 잘 짜야 하는데, 내 글엔 계획성이 부족했다. 갑자기 떠올라서 쓰다가 막히는 경우가 허다했다.

내 부족함을 인정하고 채우기 위해 수소문해야 했는데, 글쓰기 모임 같은 게 있는 줄도 몰랐으니…. 그래서 포기가 가장 쉬웠다. 오직 천재성이 없다는 것만 되새기면서 나를 탓하고 미워했다. 자존감이란 단어는 정말 중요하다. 자존감은 말 그대로 자신을 존중하고 사랑하는 마음이다. 가난하고 병약한 부모는 막내인 나한테까지 신경 쓸 여력이 없어 제대로 사랑을 주지 않았다. 그런 가정에서 자란 나는 스스로 돌보는 방법도 몰랐고 고집도 셌다. 황소고집으로 버티고 나아갔다. 그 고집으로도 안 되는 게 '글'이었다. 결국 내 견고하지 못한 자존감은 부서져 내렸다.

살면서 진심으로 원하는 걸 찾았는데 어떻게 해야 하는지 모르는 심정은 말로 표현할 수조차 없다. 화가, 음악가, 작가는 어릴 때부터 싹이 보인다고 한다. 내 싹은 허약하거나 휘어지는 것도 아닌 아마 시커면 땅속에서 썩어 가지 않았을까 싶다. 뜨거운 열정만으로 밀고 나아갔으나 날카로운 비평과 낙선 앞에서 차갑게 식어버렸다.

'신이시여, 저에게 고집 말고 차분함 한 스푼과 능력 한 스푼을 더 주셨더라면….'

지금도 글쓰기는 도전 중이고 지금도 글 쓰는 실력은 제자리걸음이다. 이 글을 쓰면서도 지난날을 회상하니 아직도 명치 부위가 아프다.

다른 사람들에게 평생 꿈꿔 왔던 걸 찾으면 어떻게 할 것인지 묻고 싶었다. 인터넷을 뒤적이면 나와 같이 바라는 걸 찾기 위해 고민하는 사람들의 글이 많이 보인다. 그런데 행동으로 옮긴 카이스트 나와 고깃집 차리고, 대기업 그만두고 여행 다니는 사람들의 글도 보인다. 그 사람들 성향은 어떨지 궁금하다.

갑자기 봄여름가을겨울의 〈어떤 이의 꿈〉이란 노래가 떠오른다. 노래 가사는 꿈에 대해 말하고 있다. 노래가 강조하는 꿈을 간직한 사람, 꿈을 이루려는 사람, 꿈을 잊은 사람, 꿈을 뺏는 사람에서 나는 어떤 사람일까? 가사에서 반복되는 "나는 누굴까? 나는 누굴까? 나는 누굴까?"에 대한 수많은 물음표가 마침표를 미처 찍지 못하고 나를 채우던 시절이었다.

4

초록색 비상구

꿈을 꾸는 사람들은 행복하다. 그러므로 사람들이 아름다운 꿈을 포기하지 않고 나아가길 바란다. 기나긴 노력 끝에서 초록색 비상구 앞에 있는 문을 활짝 열면, 자신을 믿고 이겨낸 새로운 자신이 기다리고 있을 것이기 때문이다.

나는 내가 원하는 걸 찾았으나 실패를 거듭했고, 비겁하게 도망쳤다. 도망친 곳은 시립도서관이었다. 거기서 내가 한 일은 책을 의미 없이 뒤적거리는 거였다. 뇌를 지치게 만들어 아무것도 생각하지 않게 만드는 나만의 방법이었다. 요즘 말로 하자면 멍 때리기! 집도 싫고, 병원도 싫어 근처 도서관에서 시간을 허비하곤 했다. 대학원 공부하던 선배와 커피를 마시며 대화를 나누는 장소이기도 했다.

도서관에서 취업 공부하던 국민학교 동창이 나를 대단하다며 치켜세워줬다. 국민학교란 단어만으로도 이미 나이를 짐작하리라. 내가 시간만 죽이러 온다는 걸 알았더라면? 대놓고 비웃었을 텐데. 그 뒤

로 동창은 취업하였는지 보이지 않았다. 한 번 더 만나면 진실을 말해
주려고 했는데….

이때 정신과에 입원했던 청소년들에게 눈이 갔다. 본드, 부탄가스
흡입과 같은 약물 중독, 학교폭력 피해 등 여러 사연으로 입원했다.
특히 약물에 중독된 학생들이 점점 상태가 나빠져서 딱했다. 처음 입
원해서 고쳐질 줄 알았던 아이들은 입·퇴원을 반복했다. 휘발성이
강한 약물로 뇌가 망가지는 모습을 눈으로 직접 봤다. 그들은 안타깝
게도 폭력성이 강한 학교 밖 청소년이 되고 말았다. 반짝반짝 빛나야
할 어린 십 대들의 입원을 보면서 뭘 도와줄 수 있을지 고민했다.
　같은 시기에 비슷한 고민을 하던 선배가 보건교사가 어떠냐고 내게
물었다.
　"학교 보건교사 어때? 같이 공부해서 제자리 맴도는 병원 떠나자!
정신보건간호사 자격이 있는 우리가 학생들에게 도움이 될지 몰라."
　선배 말처럼 학교로 가면 정신과 간호사 경력이 십 대들을 도와줄
수 있을까? 학교라는 장소는 교생실습 이후로 한 번도 생각지도 않아
잊고 살다가 갑자기 궁금증이 일었다.
　그리고 한때 같이 근무했던 선배가 보건교사가 됐다는 소문이 돌았
다. 이미 결혼하여 퇴직한 선배가 임용고시에 합격하니 나도 할 수 있
을 것 같았다. 학교라는 단어가 피부에 직접 와닿았다. 내가 따르던

선배의 말처럼 정신적으로 힘든 청소년들을 학교 현장에서 도와주고 싶다는 마음이 강하게 일렁거렸다. 친한 선배의 권유와 병원을 퇴직한 선배 간호사의 합격 소식이 주춤거렸던 나를 움직였다.

도저히 병원은 못 다니겠다 싶었다. 숨이 턱턱 막혔다. 학교라는 비상구로 탈출을 시도했다. 30살이 돼서야 하나의 물음표에서 하나의 마침표를 찍었다. 남편에게 통보하듯이 전하고 멋지게 사직서를 냈다. 20대가 고스란히 담긴 병원을 떨쳐 버리며 머물러 있는 청춘과 그렇게 이별했다.

나에게 서른 살은 결혼, 사직 그리고 도전을 향해 나아가는 출발점이었다. 병원을 그만두고 나서 두 달은 진짜 날아갈 것처럼 행복했다. 3교대란 일정하지 못한 근무가 없어졌고, 수간호사의 눈치를 보지 않아도 됐다. 실력이 쪼금 나아진 주사와도 안녕이었다. 그런데 시간이 지나자 일하던 습관인지 돈을 못 벌어 그런지 너무 허전했다. 22살에 취직해 쉬어보는 게 처음이어서 뭘 하면서 시간을 보내야 하는지 아는 게 없었다. 거실에서 하염없이 내리는 눈을 보다 눈물을 흘렸다.

어두운 겨울이 가고 새싹이 파릇파릇 움트는 봄이 왔다. 겨울잠을 자던 나도 도전을 향한 기지개를 켜기 시작했다. 같은 지역에서 보건교사 시험을 준비하는 사람들을 분주하게 찾아다녔고 운 좋게 좋은 사람을 만났다. 나보다 나이는 어렸지만, 시험 준비를 먼저 시작해 아는 게 많은 준비생이었다. 교육학이랑 간호학 학원을 같이 알아보고 함께 공부했다.(도움을 선뜻 준 준비생도 현재는 보건교사이다.)

학원에 다니니 나랑 나이가 같고 결혼도 한 서연이를 만났다. 보건교사 임용고시를 준비하는 사람들은 그 친구처럼 공부해야 한다. 당당한 친구였다. 학원에서 치르는 모의시험 시간에는 아예 참석하지 않았다. 학원 강사가 문제를 설명할 무렵, 귀신같이 나타나 시험지를 받아 갔다. 그때 시험은 전공인 간호학은 주관식, 교육학은 객관식이었다.

"서연아, 넌 시험도 안 보고 그 시간에 뭐 해?"

"이 근처 도서관에서 오늘 계획한 진도만큼 공부했어. 내 진도가 느린데 시험을 볼 필요가 없지. 안 봐도 뻔하잖아! 그런데 너는 공부 어떻게 해?"

"그냥 학원 강사가 알려준 거 달달 외우는데. 너는 어떻게 하는데?"

"학원 강사가 알려준 내용 무조건 외우지 마. 그 사람이 채점자도 아니잖아. 나라면 문제를 보고 최대한 정답에 가깝게 쓸 수 있는 답이 뭘까, 이렇게 고민하고 외워."

"와, 대단하다! 너랑 나랑 임용고시를 처음 준비하는데 생각 자체가 다르네."

결국 임용고시에서 서연이는 최종 합격, 난 불합격으로 2차인 논술·면접을 망쳐 떨어지고 말았다. 2차 시험에서 떨어진 충격으로 새해 첫날 유산이 됐다. 시험은 떨어지고 배 속의 첫 태아는 핏덩이로 쏟아졌다.

급하게 찾은 산부인과 의사는 내게 말했다.

"임신 초기 유산은 보통 태아의 문제입니다. 태아에게 유전적인 결함이 있었을 가능성이 큽니다. 절대 엄마 탓이 아니니 죄책감 같은 거 갖지 마시고, 마음 편히 몸조리하세요!"

의사는 죄책감을 느끼지 말라고 했지만 난 우울에 빠져 허우적거렸다. 얼마나 심했냐면 게임 중독에 빠져서 낮과 밤이 바뀌고, 남편과도 매일 싸웠다. 버티다 못한 남편의 최종 이혼 통보가 없었다면 아마 지금은 중독자의 삶을 살고 있지 않을까?

우울은 조용히 찾아오는 거 같다. 가족들은 별일 아니라고 여기는 일에도, 주변 사람들이 알아채기도 전에, 알아챈 뒤에는 상태가 상당히 나빠진 다음이다. 경험자로서 가족들이 적극적으로 도움을 줘야 빨리 극복하는 거 같다. 나의 우울증은 환한 낮엔 내 몸이 강렬한 빛을 감당할 수 없어 누워 있게 했다. 밤이 되면 저절로 눈이 떠져 컴퓨터를 켰는지도 모르게 그 앞에 서 있는 나를 발견하곤 했다.

'게임을 한 번 더 하면 손을 자른다! 정신 차려!' 이런 메모를 벽 여기저기에 붙였다. 컴퓨터가 있는 방으로 들어갈 때마다 그 메모들이 눈에 밟혀 컴퓨터 전원 버튼으로 가는 내 손을 멈추게 했다. 그렇게 게임 중독을 끊었다. 중독에서 탈출하는 데 석 달이 걸렸다.

다음 해 지금의 첫째를 임신하고 과감하게 시험을 포기했다. 시험 스트레스 때문에 '희망이'가 혹시라도 잘못될까 봐 걱정돼서다. 그 아이는 내 인생에서 또 다른 희망이었다. 공부를 시작한 지 삼 년째 되던 해, 첫째를 낳고 한 달 뒤에 무작정 시어머니에게 아이를 맡겼다. 나만 직장 따라 먼저 이사했던 남편이 있는 곳으로 갔다. 탯줄을 자르며 울던 남편의 심정처럼 아기를 잘 키우고 싶었다. 그때는 정말 절박했다. 남편 월급으로는 내 집 마련이나 아기를 키우는 것도 힘들여서이다. 서로 직장 다니며 모은 돈으로 전셋집부터 시작했다. 양가 부모님에게 도움을 받을 수 있는 형편도 아니었다.

남편이 있는 곳으로 이사해서 그때부터 도서관에 가서 차차 앉아 있는 습관을 들였다. 한 달 뒤, 독서실로 들어가 1차 시험 보는 전날까지 본격적으로 공부를 시작하였다. 시험 합격은 마지막 비상구였다. 공부했던 기간은 고작 5개월이 전부였다. 그리고 2차 시험인 논술·면접을 준비할 시간과 돈은 처음부터 없었다. 2차 시험에서 떨어진 경험이 있어 불안했지만, 어쩔 수 없이 학원의 도움을 받지 않고 혼자서 책을 보며 대비해야 했다. 마지막 발표가 날 때까지 심장이 조여드는 하루하루였다.

절박함 또는 간절함은 기적을 일으키나 보다. 최종 결과는 '합격'이었다. 합격 문자를 받으니 3년이란 시간이 눈앞에 아른거렸다. 불합격, 우울, 게임 중독, 첫아기 탄생, 독서실 생활, 남편의 믿음···. 이 모든 게 헛되지 않았다. 서른 인생에서 난 마지막 비상구로 보건교사를 택했고, 노력했고, 결과를 얻었다.

5

신규가 살아남는 법

해마다 신규 보건교사가 발령을 받는다. 일하면서 실수할 수도 있다. 하지만 겁내지 않았으면 한다. 우리는 사람이고, 사람은 누구나 실수할 수 있음을 기억하길 바란다.

임용고시에 합격했다. 하지만 발령이 안 나서 초등학교·중학교 기간제 교사로 잠시 일했다. 일 년 후, 난 둘째를 가져 배가 나온 상태로 정식 발령을 받았다. 그렇게 초등학교 신규 보건교사가 됐다. 보통 신규 또는 신입이라 하면 푸릇푸릇한 새내기를 떠올릴 것이다. 신규 이미지와는 전혀 달라서 학교 관리자들은 적잖이 당황했을 것이다.

발령받고 며칠 있다가 주변 학교 보건교사에게 신규라고 인사 전화를 돌렸다. 그리고 초록색 비상구를 힘들게 탈출했던 나는, 정말로 병원에서의 악순환을 되풀이하고 싶지 않아서 두 가지를 굳게 다짐했다.

'감사하는 마음을 잊지 말자!'

'이번에는 윗사람과 정말 잘 지내자!'

병원과 학교의 다른 점은 병원은 정해진 업무만 하면 되지만, 학교는 자기가 주도적으로 계획을 세워야 한다는 점이다. 학교에서 3월 한 달은 치가 떨렸던 하얀 병원이 그립기까지 했다. 병원은 일정한 업무만 하면 다른 것들은 전혀 신경 쓸 필요가 없었고, 무엇보다 믿고 의지할 동료 간호사들이 있었다.

그 시절엔 거대한 학교도 오직 한 명의 보건교사만 있었다. 나 혼자 보건과 관련된 업무들을 계획하여 추진하는 게 힘들었다. 거짓말 안 보태고 학교에서 맞이한 첫 달은 1년 동안 이루어질 사업 계획서로 머리가 지끈거렸다. 그리고 병원 환자들의 증상과 보건실을 방문하는 초등학생들이 말하는 증상도 하늘과 땅 차이였다. 보건실을 방문하는 학생들은 조금만 아파도 다 죽을 것처럼 엄살을 피웠다. 그땐 진짜인지 아닌지 분간할 수 있는 지혜의 눈이 없었다.

발령을 받은 학교는 학생 수가 많아 2인 교감이 일을 나눠서 맡았고, 많은 학생 수만큼 많은 일이 지뢰밭처럼 터지던 곳이었다. 선생님들이 학생들의 각종 비행으로 골머리를 앓는 학교였다. 동료 교사가 하는 이야기를 들으면 지구대에서 연락이 와 학생을 데리러 가는 경우가 종종 있었다고 했다. 또 그 시절 유행이었는지 중학교 선배들이 보는 앞에서 초등학교 후배들이 펼치는 그들만의 싸움이 있었다. 얼마나 잘 싸웠는지 우리 학생들이 다 이겼다는 소문이 근방에 쫙 퍼졌다.

학생들 말고도 유명했던 분이 또 있었다. 바로 관리자였다. 지금 같았으면 바로 눈치채고도 남았을 것이다. 새로운 교장 선생님이 오자마자 전임자가 갑자기 중학교로 전출을 시도했다. 그 자리가 비어 신규인 내가 근무하게 된 거였다.

사건은 내가 생각지도 않은 일에 갑자기 '펑!' 하고 터지는 거 같다. 어느 날, 교장 선생님이 날 보고 교장실로 오라고 전화를 걸었다. '내가 실수한 일이 있나? 공문이 틀렸나?' 이런저런 생각을 하고 들어갔다. 화장실 시설 업무를 맡으라고 했다. 맨 먼저 '화장실 시설 업무가 뭐지? 이게 내 업무가 맞나?' 하고 생각했다. 아무리 머릿속을 굴려도 이건 아니다 싶어서 조심스럽게 대답했다.

"교장 선생님, 학교 화장실 업무는 제 업무가 아닌 거…."

"너 몇 년 차야? 신규가 교장이 하라고 하면 해야지! 신규가 무슨 말대꾸야!"

아니라고 했다가 상사한테 제대로 까였다. 지금도 업무분장에서 말들이 많지만 그때는 더 하면 더 했을 정도로 말들이 많았다.

부당한 업무 지시뿐만 아니라 오해로 생긴 민원도 내가 들어야 했다. 학생이 열이 나서 담임교사에게 부모에게 전화해 주라고 문자를 보내니 알았다는 답변이 왔다. 한 시간 뒤 전화가 와서 받자마자 보호자가 욕인 듯 아닌 듯 심한 말로 내게 퍼부었다. 아이가 열이 나서 힘든데 보호자에게 연락도 안 해주고 그냥 보내면 어떡하냐는 내용이었

다. 보호자에게 자초지종을 말해도 무조건 화만 내서 씁쓸했던 적이
있었다.

신규 보건교사였던 내가 실패했던 이유를 밝히고자 한다.

뭐니 뭐니 해도 업무가 1위일 것이다. 첫해는 업무에서 불만이 있어
도 참아야 한다. 물론 전혀 맞지 않는 것은 아니라고 해야 하지만, 상
사가 어떤 사람인지 먼저 파악해야 한다. 부당한 업무를 지시했을 때
는 생각할 시간을 달라고 요청하며 바로 답하지 말고 기다릴 줄 알아
야 한다. 부장이나 동료에게 조언을 구한 뒤 대답해도 늦지 않을 것이
다. 그러나 나는 그렇게 하지 못했다.

다음으로는 인간관계이다. 인간관계는 모든 직장에서 빠질 수 없는
요소이다. 평소 인간관계를 잘 맺는 사람은 걱정하지 않길 바란다. 학
교에서 맺는 인간관계 대상은 관리자, 동료 교사, 학생이 포함된다.
보건실을 방문하는 주 고객은 학생이니 학생을 잘 다룰 줄 알면 금상
첨화다.

그런데 신규 시절의 나는 매일 보건실을 방문하는 60~70여 명의
학생이 모두 아픈 것 같아 품에 안고 다 들어주었다. 한마디로 학생들
에게 끌려다니는 보건교사였던 나는 집에 가면 쓰러질 정도로 피곤했
다. 학생들은 여러 이유로 보건실을 찾는데 공부하기 싫어 아프다면
서 잔뜩 인상을 쓰며 오기도 하고, 진짜 아파서 방문하기도 한다. 잘

솎아내 안 좋은 행동을 하는 학생들이 그러지 않도록 이끌어야 한다.

끝으로 적절한 거리두기이다. 퇴근하면 학교와 작별하고, 자기만의 시간을 가질 줄 알아야 한다. 독서도 하고, 운동도 하고, 친구도 만나야 한다. 그래야 사람의 마음 그릇이 비워지고 채워질 것이다. 그러나 나는 주변에 친척도 없어 회식 때도 아이들을 데리고 다녔고, 집에 가서도 아이들을 돌보다 하루가 갔다. 나처럼 거리두기를 못 하는 사람은 매일 피로를 달고 살게 된다.

신규로 잘 살아남는 방법을 한 줄로 요약하면 '나처럼 하지 않기'라고 할 수 있다. 풀이하자면 업무는 제시간에 마치되 실수를 너무 겁내지 않았으면 한다. 실수를 해결하는 과정을 통해 우리는 배우고 성장한다. 지나온 경험이 차곡차곡 쌓여 '초보'가 '전문가'로 깜짝 변신하는 날이 올 것이다.

직장에서 빠질 수 없는 인간관계는 내가 가장 어려워하면서도 못하는 것이다. 하지만 긴 세월 근무해 보니 터득한 게 있다.

"그게 뭐냐고? 특별히 공짜로 알려줄게. 우리는 모든 사람에게 칭찬받을 수가 없어. 그리고 어떤 사람은 이유 없이 나를 싫어해. 절대 신경 쓰지 마. 그땐 '그럴 수도 있지!'라고 숨을 크게 들이마셔. 그리고 통 크게 넘어가."

"어떻게 넘어가요? 제가 실수해서 미워하는 거 아닐까요?"

"노, 노, 노! 살다 보면 그런 사람 꼭 있어. 나랑 안 맞는 사람, 그 사람한테까지 신경 쓰다 보면 너무 힘들어. 그냥 시원하게 패스. 인생이란 시간은 언제나 부족해. 내가 가장 좋아하는 것을 하면서 살기에도 팍팍하단 말이야. 내 말이 무슨 뜻인지 알겠지?"

신규들이 상처받지 않고 모든 직장에서 꿋꿋하게 살아남길 바란다. 선택과 집중을 잘하면서 에너지를 적절하게 배분하면서 말이다. 그래서 무엇보다 자신이 좋아하는 취미 생활을 즐겼으면 좋겠다. 꼭 하고 싶었던 일들을 즐기면서 긴 인생을 여유 있게 보냈으면 한다.

6

학교로 침입한 불청객은?

학교로 침입한 불청객은? 바로 감염병이었다. 감염병 예방·관리는 담당자 혼자만이 짊어질 몫이 아니다. 코로나19 사태처럼 몫을 잘 나눠 현명하게 극복해야 할 것이다. 그런데 무엇보다 먼저 해야 할 일은 감염병 상황에서 학생을 포함한 그 누구도 소외되지 않도록 함께 고민해야 할 것이다.

신규로 발령받은 첫 학교에서 2년째 되던 해 신종플루(현재 신종 인플루엔자)가 발생했다. 연일 방송되는 뉴스 보도를 통해 사람들은 겁을 먹었다. 특히 어린 학생들이 단체 생활을 하는 학교는 불안했다.

2학기 개학을 하자마자 교사들은 어떻게 하면 열나는 학생들을 걸러낼 수 있을지 모여서 회의했다. 고민 끝에 우리 학교에서 결정한 방법은 등굣길에 체온을 측정하는 것과 손등에 도장을 찍어주는 거였다. 잘 지워지는 도장을 찍은 이유는 체온을 재고 왔다는 증거였다. 아침마다 나를 비롯한 교사들이 중앙현관에서 학생들을 맞이하며 우리가 결정한 체온 측정과 도장 찍어주기를 반복했다. 당시에는 마스크의 개념이 부족했던 터라 학생들이 마스크를 쓰고 다니지는 않았다.

사라진 단체 예방접종을 실시한 해이기도 하다. 예방접종을 위해 부모의 동의서를 받아야 했고, 장소를 준비해야 했다. 인근 특수학교에서 당일 컨디션이 안 좋아 접종하지 못한 학생들을 접종시켜달라고 부탁했다. 소재지 보건소와 협의를 거쳐 그 학생들까지 접종하기로 했다. 교직원들은 강당의 동선을 확인하여 줄을 만들어 놓았고 예방접종 당일은 학부모회의 도움을 받아 학년별로 줄을 세웠다. 그래서 신종플루 접종이 신속하면서도 차분하게 이루어졌다.

초등학생이라 주사 맞고 어지럽다는 학생들도 있어 상태를 지켜보기 위해 보건실에 눕혔다. 그렇게 나는 강당과 보건실 양쪽을 분주히 오가며 상황을 지켜봤다. 그날을 회상하니 집에 갈 때까지 앉아서 쉴 틈이 하나도 없었던 것 같다.

예방접종도 끝나고 얼마 되지 않아 갑작스럽게 허리가 아파 일어나지 못했다. 나는 아침에 출근하려는 남편 등에 업혀 병원으로 갔고, 급성 허리 디스크로 진단받았다. 며칠간 출근하지 못할 정도로 아팠다.

그때 내 아이들은 어린이집 다닐 때여서 긴 우산을 지팡이 삼아 등·하원을 시켰더니 한동안 철없는 아들 둘이 구부정하게 다니는 내 흉내를 냈다. 장우산을 집고 다니는 그 모습이 반갑지 않았다. "아들들아, 엄마가 웃는 게 웃는 게 아니야. 그만!"이라고 말했다. 하지만 아이들은 내 말뜻을 모르고 자기들끼리 까르르거리며 한참을 그렇게 돌아다녔다.

큰 감염병이 십여 년 만에 다시 발생했다. 코로나19 바이러스는 발생한 지 1년 만에 전 세계를 휩쓸었다. 코로나는 학교 현장에 쏟아지는 공문을 안겨줬다. 초창기 학교마다 공문을 가지고 잦은 회의를 했다. 매뉴얼이 현장에 딱 맞게 오는 게 아니라서 학교마다 혼선을 빚었다. 보건교사인 나는 마스크를 준비할 수 없어 인터넷 쇼핑몰을 샅샅이 뒤지느라 시간을 허비했다. 하늘에서 별 따기 수준이었다. 하물며 손 소독제, 체온계조차도 품귀현상으로 정말 힘들게 준비했다.

내가 근무하던 학교에도 코로나에 걸린 학생이 발견됐다. 보건소에서 연락이 와 새벽 5시에 학교에 가서 명단을 정리하여 보건소로 보낸 적이 있었다. 꼭두새벽부터 관리자와 함께 대책 회의를 했다. 그 학급 학생들과 접촉자인 선생님들에게 선별진료소에 가서 검사를 받게끔 전달했다. 나 역시 접촉자여서 떨리는 마음으로 학생들과 같이 검사를 받았다.

어느 날은 보건실을 자주 오는 토순이가 1교시부터 들어왔다.

"선생님, 열은 없는 거 같은데 이상하게 속이 안 좋아요. 아침도 안 먹었는데 계속 그래요. 여기에서 누워 있게 해주세요."

담임교사는 보호자와 연락이 안 된다고 쉬게 해달라는 부탁을 하였다. 어느덧 4교시 시작종이 울렸다.

"토순아, 괜찮니? 네가 자서 안 깨웠는데 지금 3교시가 끝났어. 네가 자는 동안 보건일지를 훑어보니 지난번에도 코로나 걸렸더라. 그때 네가 말한 증상이랑 오늘 말한 게 비슷해. 또 코로나 아닐까? 여기서 검사 한번 해보자."

비치된 진단 키트를 주어 검사하게 했다. 선명한 두 줄이었다. 뒤늦게 연락이 닿은 토순이 보호자는 때마침 아파서 올 수 없다고 했다. 토순이에게 키트를 넣은 지퍼백을 주면서 선별진료소로 보냈다. 다음 날 담임교사는 토순이가 확진됐다는 연락을 주었다. 그렇게 보건실을 제집처럼 드나들었던 토순이가 고맙다며 편지를 주고 갔다. 당시 코로나란 감염병이 보건교사인 나를 얼마나 힘들게 했는지 토순이가 쓴 글에서도 보인다.

"To. 보건 선생님께!

선생님, 안녕하세요! 저 토순이에요!

제가 맨날 보건실만 가서 매우 힘드실 텐데 늘 웃으며 반겨주셔서 감사합니다!

선생님이 아프실 때는 맨날 걱정되기도 하는데 선생님이 웃고 계시면 저도 웃음이 나요!!

늘 저희를 위해 쏟아지는 졸림도 참으시고 일을 해주셔서 감사합니다!!

중학교 가서도 선생님 잊지 않겠습니다!! 맨날 쌤 찾아갈 거예요!! ㅋㅋ
선생님 앞에 교복 입고, 멋진 모습으로 나타나겠습니다.
선생님 시무룩하게 있으시지 마시고 웃고 계세요!!
아프시면 티 좀 팍팍 내시고 쉬고 싶을 땐 좀 쉬세요!!
그래야 안 아프죠!! 저희만 생각하시지 마시고 선생님 몸부터 챙기
세요!!
맨날 찾아가서 볼 거예요!! 사랑합니다!!"

약 2년간 마스크를 강제적으로 쓰고 다녔다. 마스크를 깜박하고 챙기지 못한 교직원과 학생들에게 마스크를 건네주는 것도 내 일이었다. 2023년이 되자 실내 마스크 의무가 해제되었다. 마스크는 감염병 차단에는 매우 효과적이었다. 하지만 마스크를 벗자 같은 교실에서 서로를 못 알아보는 우스운 일도 있었다. 심지어 동료 교사들끼리도 그 얼굴이 맞냐며 농담을 주고받았다.

"보건 선생님 목소리만 들을 때는 몰랐는데 동안이네요."

"푸하하하, 감사합니다. 나중에 보건실에 오시면 커피라도 대접할게요."

처음에 일부 학생들은 여전히 마스크 벗기를 싫어했다.

"이제 마스크 벗어! 눈만 보니 네가 누군지도 모르겠다. 졸업한 뒤 마스크 벗고 다니면 네가 맞는지 어떻게 알겠어. 얼굴 좀 한번 보자, 응?"

"선생님, 제가 하관이 안 이뻐서 보여주기 싫어요!"

"얘들아, 밥 먹을 때라도 마스크는 벗어야지. 반찬 한번 먹고 마스크 쓰고, 밥 한 숟가락 먹고 마스크 쓰고. 귀찮지 않니? 밥도 안 넘어가겠다."

"다 먹을 수 있어요, 쌤. 그리고 교복 입으려면 다이어트도 해야 하는데, 오히려 잘 됐죠."

시간이 지나 기억을 되살려보니 일부 기억들은 안개처럼 아물아물 사라져 간다. 그렇게 힘들어서 내 몸에 대상포진을 주고 간 시기였는데, 간사한 기억 탓으로 지금은 웃음만 나온다.

학생 · 교직원 · 학부모 모두 감염병이 걱정되고 대응하느라 힘들었을 것이다. 좋아하는 현장체험학습도 못 가고, 친구들과 어울려 놀지도 못하고, 마스크를 벗고 합창 연습을 할 수도 없었던 시기였다. 학생들은 공부 습관이 무너졌고, 영유아들은 언어 발달이 늦어졌다고 하니 감염병이 평범한 일상에 엄청난 영향을 준 게 아니겠는가!

학교로 침입한 불청객인 감염병은 내게 디스크와 대상포진을 주고 갔다. 앞으로 발생할 감염병은 또 다른 팬데믹을 가져올지 모른다. 이번 코로나19를 겪어서 이제는 잘 극복할 수 있을 것이다.

감염병 예방 · 관리는 담당자 혼자만의 몫이 아니다. 감염병 발생 전에 명확한 업무분장 및 업무흐름도를 마련하며 대책을 세워야 한다. 그러한 모든 관계자의 협력에 힘입어 학교는 최대한 안전하게 학생들을 교육할 수 있는 공간으로 자리매김할 것이다. 모든 학생이 건강한 환경에서 교육받으며 친구들과 뛰어놀며 어울릴 수 있는 곳으로 말이다.

7

마음의 소리를 들어요!

"지금 하던 일을 잠시 멈추고 눈을 감고 마음이 내는 소리에 귀 기울여보세요. 여러분의 마음은 어떤 소리를 내나요?"

'정신과'라는 단어를 보면 사람들은 무얼 떠올릴까? 언덕 위의 하얀 집이나 '우리'와 다르다고 여겨지는 이해할 수 없는 환자가 떠오를까? 내가 봐왔던 환자들은 증상이 심한 극히 일부 환자들을 제외하고 '우리'와 다를 바 없는 '정상'인 사람이었다. 그 일부 환자들도 약을 먹으면 정상적인 모습으로 돌아온다.

처음 정신과 실습할 때 우릴 맞이했던 수간호사가 했던 말이 생각난다. 지금은 내가 품은 신념이기도 하다.

"우리가 다치면 어디 가나요? 병원 가죠. 그런데 마음이 다치면? 마음이 다쳐도 병원에 가는 건 당연한 거 아닌가요? 사람들은 마치 정신과에 간다고 하면 색안경을 끼고 바라보는데 그러지 않아요. 마음을 다치면 치료받는 게 당연한 일입니다. 고혈압 환자가 약을 먹어 혈압을 조절하잖아요. 마찬가지로 정신이 아픈 환자가 정신과 약을 먹는 게 지극히 정상적인 거예요. 도움이 필요한 사람에게 적절한 도움을 주는 거죠. 이게 우리 정신과에서 가장 중요한 내용입니다."

정신병동에서 근무하는 동안 기억에 남는 환자들이 여럿 있다. 알코올 중독, 섭식장애, 공황장애, 품행장애, 조현병, 조울증 등으로 진단받은 사람들. 내가 근무하던 정신병동에도 알코올 중독자의 입원이 잦았다. 알코올 중독자들은 해독 치료가 완료되면 지극히 정상인이 된다. 이들은 술만 끊으면 아무 이상 없다.

하지만 술만 먹으면 폭력적인 모습으로 돌변해 가족에게 폭력을 행사한다. 폭력에 지친 가족들이 술을 끊게 하려고 반강제적으로 입원시키곤 했다. 술을 끊으면 말로 하기 힘든 여러 금단 증상을 겪는데 환각 상태까지 나타나고 심하면 사망에 이를 수 있는 무척 무서운 증상이다.

"간호사님, 수백 마리 뱀들이 저를 물려고 해요. 저리 가! 저 좀 살려주세요!"

"간호사님 눈에도 보이죠? 저기 둥둥 떠다니는 여자아이가 보이죠? 저 무서워요. 나가게 해주세요!"

식은땀을 뻘뻘 흘리며 살을 뜯고 몸부림치는 환자에게 안전을 위해 진정제 주사를 놔주고 결박을 시켜야 했다. 고통스러운 금단 증상이 사라지면 언제 그랬냐는 듯 순한 양처럼 정상으로 돌아온다.

중독자 중에는 쑥스러워서 자기 생각을 잘 표현하지 못하는 성실한 사람들이 많다. 술을 끊고자 알코올 단주 모임에 참석하여 술 한 모금조차 입에 안 댄 성공적인 사람도 있다. 하지만 많은 중독자가 다시 술병을 끼고 살아가다 가정이 파탄 나고 만신창이가 된 모습으로 재입원하곤 했다. 그런 중독자들을 지켜볼 수밖에 없었다.

음식을 거절한 환자분도 떠오른다. 한강이 쓴 『채식주의자』를 읽다 보면 꼭 그분이 생각났다. 창백한 얼굴에서 굳게 다문 입술. 아마 극단적인 음식 거절 장면이 겹쳐 보여 그러나 보다. 죽을 정도로 먹기를 거절하여 앙상한 뼈가 드러난 채 누워만 있었다. 결국에 가서는 생명이 위험하다고 판단돼 의료진들은 콧속으로 튜브를 집어넣어 유동식을 주입했다. 환자가 자꾸 튜브를 빼려고 해서 24시간 보호자가 지키게끔 했다. 의료진들은 유동식에 섞은 약이 어서 빨리 흡수되어 상태가 호전되기만을 기다렸다. 점차 상태가 좋아지면서 수줍게 미소 짓던 모습을 지금도 잊을 수 없다.

정신병동 간호사 시절에 나를 학교로 보낸 징검다리 역할을 했던 청소년들을 빼놓을 수 없다. 앳된 얼굴을 한 학생이 입원하면 너무나도 신경이 쓰였다. 친구의 권유로 본드를 시작했던 하얀 피부의 잘생긴 남학생이 입원한 적이 있다. 그 당시는 본드, 부탄가스 등 휘발성이 강한 약물을 했던 학생이 많았다. 영화 〈써니〉의 천우희 배우가 열연한 한 장면이 떠오른다.

우울한 성향에 자존감이 낮았던 학생들은 담배를 넘어 해로운 약물을 찾기 시작했다. '요즘 마약을 찾는 일부 청소년들도 같은 심리이지 않을까!'라고 추측할 뿐이다. 그땐 마약은 너무 비싸서 청소년들이 손을 댈 수 없는 약물이었다.

우리는 그 아이들이 있어야 할 자리로 돌려보내기 위해 집단 상담이나 각종 프로그램에 열심히 참여하게 했다.

"자, 오늘은 가장 행복했던 날을 떠올리는 거예요. 그리고 그날을 그려보세요. 그림을 보여주며 한 사람씩 설명하는 시간을 갖도록 할게요."

"어렸을 때 부모님과 같이 놀이공원에 갔던 그림을 그렸어요. 그날은 참 행복했던 것 같아요."

"저는 그림은 못 그리는 데 말로 해도 되지요? 저는 바닷가에서 놀았을 때가 즐거웠던 것 같아요."

"바닷가에서 누구랑 놀았는지 구체적으로 말해줄 수 있지요? 다른 분들도 듣고 싶을 것 같아요."

"엄마 아빠랑 가서 물놀이하고, 모래성을 쌓고 놀았던 것 같아요."

"오늘 여러분은 가장 행복했던 순간을 떠올렸습니다. 그때만큼 행복한 오늘이 되었으면 좋겠습니다. 다음 주에 다시 만날게요."

우리의 노력과는 반대로 퇴원한 아이들은 약물을 떨쳐내지 못했다. 출근길에 병원 근처를 헤매던 그 학생과 맞닥뜨렸다. 입·퇴원을 반복하더니 앳되고 잘생긴 얼굴은 사라지고 텅 빈 눈동자에 표정을 잃은 얼굴로 나타났다. 이제는 지속적인 약물 사용으로 뇌가 망가져 버린 그 학생은 나를 보며, 어색한지 고개를 돌렸다. 이젠 학교보다 병원에서 아는 사람이 더 많아진 그 학생이 안쓰러울 뿐이었다.

"너 퇴원했는데 여긴 왜 왔어? 학교는? 자꾸 병원에 놀러 오지 말고 학교에서 친구들이랑 지내야지!"

"아는 사람이 병원에 많아서 놀다 가려고요."

학생이 자퇴한 걸 알고 있었다. 하지만 고지식한 나는 그 아이가 다시 학교로 돌아가 친구들과 웃다가도 사소한 거에 다투는 평범한 학창 시절을 보냈으면 했다.

우리는 살면서 마음의 소리를 지나칠 때가 많다. 또는 애써 귀를 막으며 마음을 속이려 할 때도 있다. '좋은 게 좋은 거야! 전부 나 잘되라고 하는 말이야! 그러니 나만 참으면 돼!'라는 생각으로 무시해 버린다. 그러다 결국 마음이란 악기에 금이 가버린다. 금이 간 악기로 연주하면 결코 좋은 소리를 낼 수 없다. 고장 난 마음의 악기에서 조율이 되지 않은 불협화음은 서서히 우리를 병들게 할 뿐이다.

그래서 마음의 병을 치료하는 과정은 서두르지 않으면서 정확하게 진단해야 한다. 한 음씩 천천히 귀 기울여 진짜 자기 소리를 되찾는 과정을 밟아야 한다. 그 과정이 가벼운 휴식 수준을 넘어 정신병동에 입원할 정도로 어려울 수도 있다. 인내심이 필요한 일이지만 결국 내면의 목소리를 찾아서 자기 안에서 울리게끔 해야 한다. 그 울림에 귀 기울이다 보면 자신의 길을 가면서도 타인과 더불어 갈 수 있는 세상이 보일 것이다.

8

사람꽃이 피었습니다

보건실 문을 두드리는 학생들이 자신을 사랑하는 꽃이 되기를 바란다. 보건교사인 나는 오늘도 사람꽃을 피우기 위해 그저 물과 말과 쉼을 건넨다.

꽃박람회에서 이름도 모르는 수많은 꽃을 보고 있노라면 자연스럽게 감탄사가 나온다. 학교에서 근무하다 보면 다양한 꽃을 만날 수 있다. 그게 학교 교사의 최대 장점이라고 생각한다. 생김새, 성격 모두 다르지만 저마다의 이름으로 자라고 있다. 어린 왕자가 보살피던 장미꽃처럼 학생들에게도 섬세하게 관심을 주며 시간을 바쳐야 한다. 그래야 자신의 이름으로 아름답게 피어날 것이다.

내가 보는 초등학생들은 자신의 마음 날씨를 잘 모른다. 특히 보이지 않는 마음에 상처가 나면 어딘가 아픈지도 모르는 상태로 고통을 호소한다. 보건실에서 자주 만나는 학생들은 어둡고 힘이 없다. 그 학생들이 반짝반짝 빛나는 꽃으로 잘 자라주길 바라는 게 내 소원이다.

4학년 여학생 다람이는 열이 나는 거 같고, 머리 아프고, 힘없다면서 축 늘어진 채 보건실을 자주 방문했다. 열은 항상 미열이었고, 감기 증상을 주로 호소하며 보건실에 누워 있길 원했다. 다람이가 진짜 아파 보여 담임교사도 매번 증상을 호소할 때마다 보건실로 보냈다. 다람이 엄마, 아빠가 새벽까지 일하셔서 그런지 전화를 받지 않았다.

정확하게 감기인지 아닌지 구분이 안 돼 약도 함부로 줄 수 없었다. 다행히 급식실에서 마주쳤던 다람이는 점심 식판을 깨끗하게 비웠다. 그래서 마음에 상처가 났음을 짐작할 뿐이었다.

어깨를 늘어뜨린 채 모기처럼 작게 말하는 다람이를 누워서 쉬게 해줬다. 침대에서도 편히 눕지 못하고 웅크린 다람이와 대화를 자주 했다. 학급회장도 하려고 하고, 친구가 괴롭히면 맞서는 자기 깜냥은 있는 아이였다. 보건실에서 보여주는 모습과 딴판인 모습을 보여줘 잘 극복할 거 같았다.

5학년이 되자 다람이의 보건실 방문 횟수가 줄어들었다. 어느 날, 무릎을 다쳐서 온 다람이에게 자연스럽게 물어봤다.

"다람아, 4학년 때 자주 감기에 걸리고 아팠잖아. 그땐 왜 그리 자주 아팠어?"

"그땐 언니랑 자주 싸우고, 맞아 속상해서 그랬어요. 이젠 언니에게 맞았다고 하면 아빠가 혼내줘서 때릴 수가 없어요."

5학년 다람이는 어려운 환경에서도 잘 자라는 꽃이 되어 가고 있었다.

한동안 종달이는 보건실 문을 두드렸다. 일주일 전쯤, 1교시 시작 종이 쳤는데도 화장실에서 울고 있었던 모습이 기억난다. 무슨 일 있냐고 묻는 나에게 종달이는 아무 일도 아니라면서 교실로 도망치듯이 가버렸다. 그날 2교시부터 보건실을 들락거리고 있다.

얽히고설킨 그물처럼, 초등 고학년 여학생들의 관계는 복잡해지기 시작한다. 어른들은 알아채지 못하는 눈치들이 아이들을 집요하게 따라다닌다. 콘크리트 같은 친구가 없으면 그 사이에서 결국 아픔을 느낄지도 모른다. 그 아픔을 느끼는 아이가 바로 종달이다.

"선생님, 친구 둘이 얘기하다가 내가 다가가면 갑자기 딴청을 부려요. 무슨 이야기 했냐고 물었더니 아무것도 아니래요. 지난번에도 그러더니 또 그래요. 어제부터 체육 시간에도 내 손도 안 잡아주고, 급식 시간에도 따로 놀아요."

"친구를 짝수로 만들면 어때?"

"저도 그렇게 말했죠! 우리 셋보다는 넷으로 만들면 어때? 그래야 오해가 없을 거 같다고. 근데 아무 반응도 없어요."

그날은 종달이에게 시시콜콜 캐물었다.

"작년에도 이렇게 힘든 일이 있었어요. 이제 걔들하고는 안 놀아요. 작년에 친한 친구 사진을 어디서 캡처했는지 자기네 카톡방에 올려 놀리고 있더라고요. 그 친구는 착해서 말도 못 해 제가 대신 나섰거든요. 근데 그 뒤로 친구들이 절 그림자 취급하는 거 있죠? 너무 힘들어서 담임쌤에게 말한 적이 있어요. 그런데 이번엔 지금 친구들이 이상하게 자기들끼리 손잡고, 내가 손잡으면 슬며시 놓으면서 따로 놀고…. 너무 힘들어요."

종달이는 마음이 힘들면 보건실에서 쉬었다 가기를 원했다. 내가 해준 건 보건실에서 쉬게 해주며, 따뜻한 물 한 잔 먹여가며 이야기를 잘 들어준 게 다였다. 그리고 종달이의 상태에 대해 담임교사에게 따로 연락했다. 점차 종달이의 방문은 뜸해졌다. 또다시 방문할지 모르지만, 한 단계씩 성장할 것이다. 위기를 극복해 가는 단단한 꽃이 되어 갈 것이다.

졸업한 호랑이는 3학년 때부터 보건실을 들락거렸다. 운동을 좋아해서 그런지 자주 다치고 무엇보다 복통을 많이 호소했다. 호랑이 엄마에게 배 아픈 문제로 연락해 보니 화장실이 바뀌면 대변을 못 봐서 호랑이가 아파한다고 도와달라고 하셨다. 그래서 난 담임교사와 행정실 직원들과 상의하여 1층 교직원 화장실을 이용하게 해줬다. 대변의 문제가 해결되니 햇볕 알레르기, 두드러기, 염좌, 상처 등 다양한 이유로 찾아왔다. 호랑이 본인이 참새가 방앗간 드나들 듯이 보건실을 방문하고 있다고 할 정도였다.

그러던 중 축구 대회에서 우수한 실력으로 체육교사의 눈도장을 받자, 자존감이 낮았던 호랑이의 어깨가 올라갔다. 자연스럽게 자잘한 방문은 줄어들었다.

5학년 시절, 호랑이는 친구의 싸움을 말리다가 엄지손가락이 꺾여 너무 아파했다. 보호자를 불렀다. 병원 검진 결과, 엄지손가락 골절.

"선생님, 축구는 손을 안 쓰니 저 축구 대회 나가도 되지요? 의사 선생님은 하지 말라고 하는데 엄마가 괜찮다고 하고 싶으면 하래요. 진짜 이번 축구 대회 나가고 싶어요!"

깁스를 한 손으로 축구 대회에 나갈 정도로 호랑이의 열정은 누구도 꺾을 수 없었고, 호랑이의 노력 탓인지 몰라도 최우수상을 받았다. 호랑이는 보건 수업 때도 반짝거리는 눈으로 수업을 받고 실습에도 적극적으로 참여해 내 칭찬을 듬뿍 받았다. 그런 호랑이가 6학년이 되자 보건실 방문 개근상을 받겠다고 다짐해서 크게 웃은 적이 있었다. 자신을 사랑하는 넉넉하게 자라는 꽃이 되었다. 길거리에서 큰 목소리로 나를 부르던 호랑이가 떠오른다.

"보건 선생님, 보건 선생님! 저 호랑이예요!"

"정말 너니? 몰라보게 컸네. 아참, 이젠 안 아프지?"

"선생님, 저 키 크죠! 에이, 이제 안 다치고, 안 아파요."

매일매일 다양한 증상으로 학생들이 보건실 문을 두드린다. 보건실을 방문하는 어린 학생들에게 절대적인 영향을 미치는 것은 가정일 것이다. 가정이 행복하면 건강하게 잘 자라난다. 세찬 비바람에도 쉽게 꺾이지 않는다. 반대로 가정이 불행하면 잘 자라지 못하고 많이 아파한다. 작은 비난에도 꺾이고 주저앉는다.

그러므로 가정은 자녀들을 지켜보며 건강하게 클 수 있도록 적당한 양분을 줘야 하고 학교의 도움이 필요하면 적극적으로 소통해야 한다. 가정과 학교는 아이들이 미처 말하지 못한 마음의 소리에 귀 기울이며 몸과 마음의 뿌리가 튼튼하게 자랄 수 있도록 손을 맞잡아야 할 것이다. 사랑을 듬뿍 받고 자란 학생들이 인생의 힘든 시기를 잘 극복해 나갈 것이다. 그 자체로 빛나며 힘이 느껴지는 사람꽃이 어울려 세상에 환하게 피기를 응원한다.

9

보석보다 반짝이는 존재

보건교사로서 난 학생들에게 친절하게 대하려고 애써왔다. 정신과에서 품은 아픈 청소년을 돕기 위해서라는 초심을 간직하고 있어서이다. 지금은 학생을 그냥 학생이 아닌 소중한 사람으로 대하려고 한다. 그 이유는 우리 학생들도 나의 자녀처럼 누군가의 귀한 아들이자 딸이고, 그 자체가 보석보다 반짝이는 존재이기 때문이다.

임용고시에 합격하여 초등학교에서 보건교사로 근무한 햇수가 16년으로 강산이 한 번 변하고 또 변하려는 중에 있으니 적지 않은 세월이다. 그 시간만큼 내 아이들이 자라면서 나와 남편은 나이가 들었다. 어린 막내 친구들이 오해하고 할머니나 할아버지로 부르지만 난 괜찮다. 그저 나를 지탱하게 해준 가족들에게 고맙고 사랑하는 마음이 넘쳐난다.

셋째에 대해서는 할 말이 차고 넘친다. 막내는 늦은 나이에 가졌다.

임신한 줄도 몰랐다가 자꾸 살이 쪄서 알게 되었다. 내 나이 탓으로 개인 산부인과에서 실시한 기형아 검사에서 이상 있게 나왔다. 병원에서 정밀 검사를 권했지만 난 거절했다. 검사해도 달라지는 건 없었다.

임신 중기에 배달한 음식을 받으려 거실에서 일어나는데 느닷없는 하혈로 개인 병원에 이틀간 입원했다. 퇴원하고 나서 상태가 좋아져 학교로 출근했다. 이틀 뒤부터 출산 때까지 학교를 쉬겠다고 교감 선생님과 이야기를 마친 상태였는데, 먼저 일이 터지고 말았다. 교감 선생님과 상의한 그날, 학교 화장실에서 하혈이 펑펑 쏟아져 119를 불렀다. 그렇게 병원으로 실려 간 뒤, 결국 난 아이를 낳고 나서야 퇴원할 수 있었다.

대학병원에 고위험 산모 병실이 따로 있는지도 그때 알았다. 고위험 산모들은 절대 안정을 취해야 해서 움직임도 제한이 있었다. 양수가 새거나 자궁 경부가 약하거나, 태반이 갈라져 있거나 나처럼 전치태반인 산모들이 누워 있었다. 산모들은 운 좋아 퇴원해서 통원 치료하는 사람을 제일 부러워했다.

고위험 산모들은 참으로 힘든 시기를 겪는다. 그나마 나는 행운아다. 쌍둥이를 너무 일찍 출산한 젊은 엄마가 어느 날 내게 와서 울었던 기억도 있다. 쌍둥이 중 남자 아기가 지금 하늘로 갔다고…. 면역억제제를 쓰며 힘들게 임신한 산모였다. 머리도 누워서 감던 절대 안

정인 다른 산모도 조기 진통이 왔다. 결국, 6개월 정도에 제왕절개로 아이를 낳았다. 몸조리도 못 하고, 매일 신생아 중환자실 앞에서 면회 시간을 기다리던 엄마들이다. 내 아이가 인큐베이터에서 잘 자라자 얼마나 좋아해 줬는지 모른다.

부모는 자기가 아픈 것보다 더 아프고 힘들 때가 자식이 아플 때이 다. 그 아이들이 무럭무럭 잘 자라고 있기를. 우리 아이와 같은 해에 태어났으니 자라서 친구가 될지도 모르겠다. 이 순간에도 슬픔을 겪 고 있는 모든 부모님에게 힘내시라는 응원을 보낸다.

난 석 달 동안 병원에서 임신 유지 주사를 맞았다. 입원 기간의 문 제로 퇴원을 위해 주사를 뺄 때마다 하혈을 반복했다. 그때마다 남편 은 병원의 긴급 연락으로 응급수술 서약서를 쓰러 왔다가 다시 돌아 가곤 했다. 당시 첫째가 4학년, 둘째가 2학년이었다. 집에 엄마가 없 어 얼마나 불안했을까. 첫째와 둘째는 별말이 없지만, 남편은 그때를 생각하면 아직도 정신이 아득해진다고 한다. 하혈로 입원해 있는 동 안 혼자서 아이들을 다 챙겼다. 또 퇴근하다가 시간이 되면 병실에 들 러 나를 만나고 갔다.

"전치태반이라고 다 하혈이 있지는 않아요. 심하면 자궁을 적출할 수도 있어요."

회진하던 주치의가 최악의 말을 던지곤 했다.

'이러다 죽을 수도 있겠구나!' 이런 생각을 많이 한 시기였다. 남편이 있었기에 그 힘든 시기를 잘 버텨냈고, 기적 같은 존재 '튼튼이'가 잘 자라준 것 같다. 나한테 남편은 참으로 고맙고 사랑할 수밖에 없는 사람이다.

주사를 교체하는 사흘째 되는 날엔 머리를 감고 간단하게 샤워했다. 세끼 밥을 먹고도 소화 시키기 위해 운동도 할 수 없었다. 상태가 너무 안 좋아 누워서 머리를 감는 환자도 있었으니 그나마 난 스스로 움직일 수 있음에 감사하며 하루하루를 버텼다.

임신 6개월째, 회진 온 내분비내과 의사가 말했다.

"산모의 부갑상선 항진증이 하혈을 유발하는 거 같아요. 임신을 더 끌려면 제거 수술을 하셔야 할 것 같습니다."

그렇게 나는 국소마취제를 투여하여 제거 수술을 받았다. 이비인후과 의사가 수술하며 이런 케이스는 처음이라고 했다. 난 수술대에서 오로지 튼튼이에게만 신경을 썼다. 막내의 태명은 수시로 바뀌었다. 마지막에는 제발 건강하게만 태어나 달라는 의미로, '튼튼이'로 정했다.

임신 8개월 중반 무렵, 하혈이 다시 보였다. 산부인과 주치의는 내게 다음날 수술을 하자고 권했다. 그렇게 아이는 예정일보다 일찍 태어났다. 막내는 태어날 때 울지 않아 인큐베이터로 들어갔는데, 난 마취 상태라 전혀 몰랐다. 마취에서 깨어났을 때 배가 찢어지는 것 같아 움직일 수도 없었다. 다음날이 돼서야 남편 부축을 받으며 아이를 보러 갈 수 있었다.

난 퇴원했다가 고열이 심해 다시 입원해서 각종 검사를 받았다. 항생제 먹느라 모유도 줄 수 없었다. 그나마 짜준 초유도 다 폐기하라고 신생아실에 부탁했다. 이른둥이로 태어난 막내는 나 때문에 특수 분유를 먹어야 했고, 피검사와 초음파 검사도 받아야 했다.

임신 당시 하혈 때문인지 뇌 초음파에서도 이상이 보인다고 했다. 소아과 의사는 MRI를 권했지만 나는 거절했다. 태어난 지 5개월밖에 안 된 아기한테 전신마취를 시키는 게 마음에 걸렸다. 의사는 검사 대신 재활의학과를 다녀도 된다고 했다. 그렇게 튼튼이는 재활의학과를 1년간 다녔다. 담당 의사의 "OK!" 소견을 듣고서야 우리 부부는 한시름 놓을 수 있었다.

막내는 대근육 발달이 늦어 아장아장 걷기도 더뎠다. 그 뒤로도 막내는 이유 없이 픽픽 넘어져 다리는 항상 시퍼런 멍을 달고 살았다. 그래서 특단의 조치로 6살 때부터 태권도 학원에 보냈다. 태권도에서 발차기하면서 하체가 지탱을 못 해 풀썩 넘어지는 막내의 모습이 웃기기도 하고, 짠하기도 했다.

막내는 걱정과 불안이 남들보다 많다. 한마디로 예민하다. 눈도 못 뜨고 잘 울지도 못하는, 너무 작고 애처로웠던 인큐베이터 속 막내는

이제 초등학교에 다닌다. 이번 운동회에는 계주 선수로 뽑혀 운동회 1
주일 전부터 걱정을 한가득 품에 안고 잤다.

운동회 날 긴장한 표정이 역력했는데도 막내는 늦게 받은 배턴을
쥐고 열심히 뛰었다. 앞서 뛴 친구를 따라잡더니 배턴을 일찍 건넸다.
역전 우승에 보탬이 된 막내가 마냥 기특했다. 아직도 잘 넘어지지만
조금씩 힘이 붙는 모양새다. 운동을 통해 다리에 근육이 붙는 것처럼
마음의 근육도 강해져 불안 또한 잘 극복하리라고 믿을 뿐이다.

어려서 맞춤법도 틀리지만 정성이 가득한 그림 편지로 내 입가엔
미소가 걸린다.

"엄마, 내가 엄마한테 선물해 줄 옷이 있어. 좋아해 주면 좋겠어.

내가 엄마 딸로 태어나서 기뻐. 그리고 엄마 사랑해.

나한테 잘해 주어서 고마워. 엄마, 사랑해."

10

삶이 그대를 속일지라도

방황하는 인간은 자신이 누구인지 찾기 위해 노력하는 거라고 들었다. 그러다가, 문득 깨닫길 바랄 뿐이다.

"삶이 행복한 날

삶이 기쁜 날

가장 보고 싶은 사람

삶이 우울한 날

삶이 고달픈 날

가장 보기 싫은 사람

늘 곁에 있는 그 사람

늘 옆에 있는 그 사람

가장 어려운 사람

삶이 안 될 때 부모를 보기 가장 힘들다.

부모님을 볼 낯짝도 고개를 들 힘도 없기 때문이다.

짜증도 슬픔도 공유하고 싶지 않고 알려주기도 원하지 않기 때문이다.

삶이 잘될 때 부모를 보기 가장 좋다.

내가 잘되면 부모님도 행복하고 고개를 들 힘도 넘쳐나기 때문이다.

기쁨도 행복도 공유하고 싶고 알아주기 원하기 때문이다.

늘 곁에 있지만 알 수 없는 부모님

늘 곁에 있지만 대하기 어려운 부모님

늘 곁에 있어서 소홀하게 대한 부모님

늘 곁에 있어서 사랑하지 못한 부모님

부모님의 마음을 어찌 알까

부모가 되기 전에 알 수 없지 않은가

그때 되면 너무 늦어 부모님께 뭐라 말해야 할까

마음속에서 미안하다, 사랑한다는 말이 왜 이리 안 나올까

가장 소중하지만, 그 소중함을 지금 알지 못하니

부모님께 미안하고 날 키워주신 부모님이 감사하다."

아들의 마음이 진하게 우려진 편지 차 한 잔으로 가슴 깊은 곳이 뜨겁게 아려온다. 큰아이를 떠올리면 그저 미안하고 안쓰러울 뿐이다. 태어나 한 달도 되지 않을 때 어머니에게 맡기고 임용고시를 준비했다. 합격하고 바로 데려오려고 했는데 둘째 임신으로 아이는 3살 때쯤 시댁에서 데려왔다. 할머니랑 떨어질 때 매달리며 우는 아이를 붙잡았다. 매일 할머니를 찾던 아이는 어느덧 훌쩍 커버렸는데 지금도 정신적으로 방황하는 것 같다. 가출, 싸움, 담배나 술 같은 문제는 아니다. 우울함이 몸에 스며들어 있다. 그래서인지 무슨 일만 생기면 짜증이나 무기력으로 진득진득하게 묻어 나온다.

스트레스성 위염이라고 진단받은 게 중2 때니 그때부터 복통과 단짝이 된 아들이다. 그 무렵 살이 급격하게 빠지면서 키 성장도 일찍 멈췄다. 그러자 아들은 불평을 해댔다.

"키 작은 엄마 탓이야! 나쁜 유전자는 나한테만 몰빵했잖아. 것 봐, 내 말 맞지?"

"…"

나는 답답해서 속이 터질 것 같았다. 하지만 아무 말도 할 수 없었다. 엄마인 내 마음을 알아주는 날이 빨리 오기를 기다릴 뿐이다.

"사랑하는 아들아, 나의 아들로 태어나줘서 고마워!

삶이 기쁠 때나 힘들 때나 변함없이 너를 사랑해.

그리고 넌 굉장히 멋있는 사람이라는 걸 항상 잊지 마!

깊이깊이 사랑한다, 아들아!"

내 아들처럼 정신적으로 방황하는 청소년들이 삶을 원망하지 않고 자신을 사랑했으면 좋겠다. '나는 세상에 하나밖에 없는 멋있는 사람' 이라 여기며 자존감을 드높이길 바란다.

청소년들에게 푸시킨의 「삶이 그대를 속일지라도」라는 시를 읊어주고 싶다. 아이들이 이 시를 완전히 이해하는 날이 오기를 바랄 뿐이다. 시 구절처럼 오늘 하루 비참하더라도 오늘은 과거가 되고, 과거들은 흑역사가 아닌 값진 추억으로 기억되는 날이 올 것이다.

지금 여기에 있는 자신을 믿으며 오늘을 내딛는 씩씩한 아이들의 발걸음 소리가 쿵쿵 울려 퍼지길 간절하게 기도한다.

너는 정말로 없이는 사람이야

수지

11

9회 말 2아웃 그리고 도전

9회 말 2아웃에 등장한 나는 포기하지 않고 타석에 들어선다. 땀이란 노력과 열정을 바친 나를 믿으며 천천히 호흡을 고른다. 그리고 투수가 던지는 공을 정면으로 바라본다.

나는 야구를 정말 좋아한다. 해태 시절부터 기아 타이거즈까지 열렬한 타이거즈 팬이다. 야구 중계를 보면서 타이거즈 감독보다 더 많은 지시를 내린다. 동시에 작전 수행에 실패하는 선수들과 투수 교체 시점을 잘못 가져가는 감독을 질책하곤 한다. 간혹 득점이나 타점을 올리면 내 말을 들은 거라고 스스로 뿌듯해한다. 야구 경기에서 잊을 수 없는 장면은 9회 말 2아웃 끝내기 홈런이라고 자신한다. 2009년 한국시리즈 7차전에서 기아 타이거즈를 우승으로 이끈, 나지완의 역전 끝내기 홈런은 내 기억에서 잊을 수가 없다.

도전이라는 말은 들을 때마다 가슴이 설레는 것 같다. 내 몸은 따라주지 못하지만 내 마음은 여전히 청춘인가 보다. 맨 처음 글을 제대로 쓴게 대학교 시절이었다. 수필을 쓰고 나서야 글에 대한 열정을 알고 다양한 책들을 읽었다. 그러면서 글을 끄적거렸다가 포기하기를 반복했다.

나는 막내가 태어나고 육아휴직을 하였다. 시간이 생겼다. 신이 내게 주지 못한 능력 한 스푼에 목말라했던 나는 글쓰기를 다시 시도했다. 아마 입원 3개월 동안 정서적인 안정과 태교를 위해 읽었던 책들이 영감을 준 것일지도⋯.

9회 말 2아웃에 들어선 나는 공무원 문예대전 동화 부문에 작품을 제출했다. 지금은 공직문학상이라고 명칭이 바뀌었다. 수상의 영광을 준 작품명이 「눈물 금지령」이었다. 전에 어떤 학생이 자꾸 아프고 우울해해서 엄마에게 전화를 건 적이 있었다. 아빠의 죽음이 얼마 되지 않아 아이가 힘들어한다고 당분간 지켜봐 달라고 하셨다. 세상에 없는 아빠를 그리워하는 아이의 슬픔과 아픔에서 '눈물이 금지된 나라는 어떨까?', '눈물이 금지된 세상에서 사는 아이들은 슬픔을 어떻게 받아들일까?'라는 물음표에서 글이 시작됐다. 글이 나온 배경이었다.

『더 기버』라는 책과 영화를 보면서 그리고 '한국 자살률 OECD 1위'라는 불명예스러운 뉴스에서 힌트를 얻었다. 「눈물 금지령」의 주인공은 엄마를 잃은 남학생이다. 자살률을 줄이기 위해 정부의 조치로 슬픔이 금지되어 눈물이 무엇인지 모르는 세상에서, 교통사고로 엄마를 잃은 아이가 눈물을 흘리고 나서야 슬픔을 극복한다는 내용이다.

수상을 하고 나서야 인근 평생교육원에서 짧게 글쓰기 강좌를 들은 적이 있다. 과제를 주면 간단한 글짓기를 쓰고 점검받는 거였다. 그곳에서도 베테랑들을 이길 수가 없었다. 평생교육원을 통해 글쓰기 재능이 나타나 정식 수필 작가로 데뷔한 분도 있었다. 그리고 이미 다양한 글쓰기 공모전에서 수상을 받은 분들이 여럿 계셨다. 정식으로 배워보고 싶어서 들은 강좌였지만 나름 우쭐대던 마음이 폭삭 내려앉아 버렸다.

글이란 쓰면 쓸수록 쉬워지는 게 아니라 더 어렵고 힘들어지는 것 같다. 내 글재간이 떨어지는 게 최대 흠이라서 강좌를 계속 듣고 싶었지만, 평일 오전에만 수업이 있어 나의 글쓰기 배움은 빨리 끝나 버렸다.

작년 나의 도전은 교감 선생님의 권유로 간호학과 교육 실습생을 지도한 거였다. 올해도 지도하지만, 한 달간의 경험이 인상 깊었다. 똑 부러지는 3학년 학생들에게 수업지도안을 작성하게 하고, 모의 수업도 지도했다. 미래의 인재를 양성하는 데 도움이 된 거 같아 뿌듯했다. 실습이 끝날 무렵 보건교사가 되고 싶다는 학생이 4명 중에서 2명이나 생겼다. 학생들을 지도하면서 습관에 사로잡힌 나 자신을 돌아본 색다른 경험이었다.

내향적이며, 친숙한 사람들하고만 어울리고, 활동적이지 못한 나는 사람과의 관계가 한정적이다. 외향적이며 다재다능한 사람을 무척이

나 흠모한다. 간혹 부러움이 가득 깃든 눈으로 쳐다볼 수도 있다. 사람들을 관찰하는 것도 좋아서 불편한 시선을 느끼게 할지도 모른다. 새로운 것보다 익숙함을 추구하는 내가 뭔가를 도전하는 것은 커다란 힘을 써야 가능한 일이다.

지금의 도전은 고3의 아들을 말없이 지지하며 지켜보는 것이다. 청소년이 가장 사랑하는 핸드폰을 보는 것도, 게임을 하는 것도 그냥 두고 봐야 한다. 내 욕심에서 상상 속 아들을 내려 놓아주기가 말처럼 쉽지 않다. 근질근질하고 달싹거리는 입술을 단속해야 현실 속 아들이 상처받지 않을 것 같다. 아들이 자신을 사랑하며 꿈꾸던 길로 갈 수 있도록 매일 기도한다.

또 난 어린 딸 친구들의 젊은 엄마랑 친분을 쌓아야 해서 시간 날 때마다 놀이터로 나가고 있다. 아들 키우는 것과 딸 키우는 것은 달라도 너무 달라 새삼 아들들이 효자로 보인다.

자식들이 한꺼번에 초중고 학생들이 되자 한 번씩 끄적거렸던 글쓰기를 중단했다. 아이들은 내게 긍정적인 자극과 부정적인 자극을 마구 퍼부어 정신없게 만들었다. 고민거리가 배가 되니 다른 곳에 눈을 돌릴 여유조차 없었다. 조금만 힘들면 종합병원 수준의 몸뚱이가 자주 아팠다. 이제 눈도 노안이 와서 안경을 벗었다, 썼다 반복하면서 책을 읽는다. 도전이라는 말을 굉장히 사랑하지만 50대의 몸이 따라

주지 않는다.

이번에도 글을 같이 써보자고 했던 임용 동기가 아니었으면 시도조차 안 했을 것이다. 나이는 어리지만 능력이 출중한 동기이다. 뭐든지 쉽게 후다닥 해치울 정도의 두드러지는 인재이다.

글을 쓰면서 뼈저리게 깨달은 게 있다. 그동안 너무 수준 높은 글을 쓰려고 했나 보다. 초보가 완벽한 글을 쓰려고 높은 잣대를 들이대 글이 나아지지 않았던 것 같다. 「읽걷쓰(읽고 걷고 쓰다)」 연수에서 작가로 데뷔한 현직 선생님도 글은 쓰면 쓸수록 좋아진다고 하셨다. 계속 쓰면서 터득할 일을 첫술에 배부르기를 바랐으니 내가 너무 어리석었다.

지금부터 글을 포기하지 않겠다고 이 글을 읽는 여러분에게 감히 맹세한다. 이제 나는 9회 말 2아웃에 홈을 밟고자 포기하지 않고, 매일의 오늘을 기록하며 살고자 한다. 그런 오늘이 내가 작가로 데뷔하는 데 밑거름이 될 것이다.

그런데 나의 고민거리는 글거리가 텅텅 비었다는 것이다. 고민 끝에 신화는 무한한 상상력의 샘물인 것 같아, 북유럽 신화나 동양 신화와 연관된 책을 사서 읽었다. 그땐 아하! 하다가도 시간이 가면 이야깃거리가 떠오를 듯, 말 듯하다 연기처럼 사라진다. 반복해서 읽다 보면 글감이 팍 떠오를 것 같았는데, 아직은 부족한지 나를 비껴가는 것 같다.

아들들이 어렸을 때 일본 애니메이션을 보기 시작했는데 지금도 자주 찾아본다. 가장 좋아하는 애니메이션은 〈나루토〉이다. 일본 애니메이션을 보면 일본 신화와 관련된 인물들이 나온다. 물론 자세히 공부한 적은 없고, 동양 신화에서 대충 본 거라 장담할 수는 없다. 그래서 단군 신화에 대해 알아보고자 했다. 하지만 내가 찾을 수 있는 자료는 우리나라 국적을 가진 남녀노소 누구나 알고 있는 곰과 호랑이 이야기밖에 없었다.

올해의 계획은 신화와 관련된 책들을 다시 집중해서 읽고자 한다. 우선 막내가 읽고 있는 그리스·로마 신화를 읽어야겠다. 이젠 그리스·로마 신화에 대한 기억조차 아스라이 사라져간다. 윌리 웡카의 '구름 뒤 한 줄기 빛' 초콜릿을 먹으면 아이디어가 떠오를 텐데, 그런 초콜릿이 없다는 게 섭섭할 뿐이다.

신화에는 인류의 탄생부터 신들의 멸망까지 다양한 소재가 담겼다. 북유럽 신화와 동양 신화도 다시 읽고 나름 정리할 생각이다. 신화의 소재들로 대박 난 작품들이 많다. 그런데 난 끄집어낼 수 없으니 바보 같다. 언젠가 좋은 글을 쓸 거라고 상상하면서 그저 쇠고집으로 야금야금 나아갈 뿐이다. 나에게 상상은 돈이 들지 않는 최고의 선물이다.

막내가 초등학교를 졸업하기 전까지 글감이 탄탄한 동화를 써서 신춘문예와 장편 동화에 도전해서 좋은 성적을 받고 싶다. 요즘은 작가가 될 수 있는 길이 많다고 한다. 하지만 난 신춘문예를 통해 등단하고 싶다. 대학 시절부터 품은 꿈이라서 포기할 수가 없다. 장편 동화는 두세 번 응모한 적이 있는데 다 떨어졌다. 이젠 좀 더 고민하고, 줄거리를 세우고, 등장인물들을 명확히 한 뒤 살을 붙여서 써야 할 거 같다. 4년이란 기간 동안 고민하고 또 고민해서 진행할 예정이다.

쓰다가 포기하는 일 없이 완성하여 출판까지 갔으면 좋겠다. 내 이름을 건 동화책을 서점에서 볼 수만 있다면 부끄러움도 내던지고 폴짝폴짝 뛸 것이다. 그 책을 얼굴에 비비고 가슴에 품으며 환하게 웃는 날이 왔으면 좋겠다.

은퇴하기 전에는 대학 시절부터 수상한 글들을 모은 작품집도 출판했으면 좋겠다. 내 의식의 흐름이 이어져 있어 훗날 나를 돌아보는 좋은 기회가 될 것이다. 젊은 나는 무슨 생각을 했는지, 5년 뒤, 5년 뒤의 나는 어땠는지 돌아볼 수 있을 것이다. 부끄럽고 창피하지만, 과거의 나를 정확히 알아야 미래의 나를 변화시키는 열쇠가 될 것이다.

은퇴 이후에는 지금도 여러 문제가 있는 건강을 잘 관리하면서 내가 글을 쓰고, 막내가 그림을 그린 동화책을 내고 싶다. 막내가 그림에 소질이 있어 보여서 가족이 함께 만든 책이 내겐 감회가 남다를 것 같다.

그리고 나도 글쓰기와 관련된 모임에서 미래의 젊은 작가들과 같이 글을 쓰고 싶다. 사람과 사람 사이의 에너지를 받으며 더 좋은 글이 탄생하길 바라는 심정으로 참여하고 싶다. 혼자만의 방법으로 수없이 떨어진 경험을 전달하며, 정식으로 글쓰기를 배우지 않은 사람들에게 길잡이가 되고 싶다.

내가 쓰고자 하는 동화책은 아스트리드 린드그렌이 쓴 『내 이름은 삐삐 롱스타킹』처럼 발랄하고 명랑한 글이었으면 좋겠다. 내 책을 읽으면 즐겁고 유머러스해 기분이 좋았다는 이야기를 듣고 싶다. 거기에 더 내 글을 읽는 독자들의 마음이 훈훈해지는 글을 쓰고 싶다.

따듯하고 재치 넘치는 글로 내 글의 주인공들은 힘든 환경에서도 유쾌하게 극복하며 잘 자랐으면 좋겠다. 그리고 친구들과 티격태격하다 서로를 깊이 인정하는 존재가 됐으면, 마치 나루토와 사스케처럼. 내가 친절한 사람들을 만나 위기를 극복했듯, 내 글 속 주인공들도 믿어주는 사람들을 만나 한층 성숙하는 어른으로 자랐으면 좋겠다.

제2장

동행

함께 황금 양털을 찾아요!

최보름

나 하나 변화시키는 것은

혼자의 힘으로 가능할지 모르겠지만,

커다란 변화는

함께여야만 가능하다.

1

당신의 장미꽃은 무엇인가요?

영국의 유명한 화가 존 윌리엄 워터하우스의 작품 〈할 수 있을 때 장미를 모으라〉라는 작품을 보면 아름다운 두 여인이 마치 숙명을 맞이한 것처럼 장미꽃을 모으고 있다. 제목이 독특하여 '무슨 의미가 있는 작품일까? 작가의 의도가 무엇일까?' 곰곰이 생각해 보았다. 영화 〈죽은 시인의 사회〉에서 키팅 선생님이 말씀하신 'Carpe diem'의 의미로 현재의 삶에 충실하라는 'Seize the day'의 뜻이었다. 남들이 안정적이라고 말하는 교직 사회에서 두 명의 자녀를 키우며 워킹맘으로 정신없이 앞만 보고 달려오던 나를 '끼익' 브레이크 밟게 했다.

'나의 꿈은 무엇일까? 나는 어디를 향해 가고 있는 것일까? 나는 그저 하루하루를 살아가고 있을 뿐인데….'

대학에 가면 핑크빛 사랑을 하게 될 줄 알았다. 이쁜 옷을 입고 유럽으로 배낭여행을 다니며 유창한 영어 실력으로 외국인들과도 서슴없이 대화하는 그런 멋진 여대생이 되는 줄 알았다. 하지만 현실은 달랐다. 성인이 되자마자 은행에 가서 학자금 대출을 받아야 했다. IMF로 인하여 부모님께서 학비를 주실 수 없었기 때문이다. 해외 배낭여행은커녕 간호 여자고등학교 같은 딱딱한 대학 강의실에서 독하디독한 여학생들과 함께 실습과 강의 수업을 병행하며 인생에 기쁨이라고는 먹는 것뿐인 시절을 보냈다.

어느 날 교수님께서 인생 그래프를 그려보라고 하셨다. 나의 인생 그래프는 20대에 밑바닥을 맴돌며 짙은 우울함의 농도를 보여주었다. 하지만 '꿈'은 있었다. 30대가 되고 40대가 되면 스스로 꽤 괜찮은 사람이 될 것 같은 기대감이 인생 그래프에 그려지고 있었다.

병원에서 간호사라는 위치는 육체적으로나 정신적으로 피로도가 높아 힘들기도 했지만, 작은 것도 마음대로 할 수 없다는 것이 더욱 힘들고 자괴감 들었다. 사소한 것에도 의사의 오더가 필요했고, 수간호사 선생님의 허락이 필요했다. 무언가 새로운 일을 하고 싶은 꿈과 의지, 욕심은 서랍 속에 넣어 두어야만 했다.

우울하고 재미없던 20대도 시간은 흘러 지나갔다. 운이 좋게 임용고시에 한 번에 합격하며 '자신감'이란 것을 갖게 되었다. 하고 싶은 일을 이제 마음대로 할 수 있을 거라는 기대감으로 마음이 부풀어 올랐다. 2008년 아직은 찬바람이 꽤 불던 3월 인천의 가장 구석에 위치한 초등학교에 발령장을 받게 되었다. 서울에서만 27년을 살았던 나에게 2시간 동안 지하철을 타고 처음 와본 동인천역의 낯선 풍경, 낯선 향기가 아직도 내 피부에 와닿듯이 생생하다. 노숙자들이 곳곳에 보였고 길거리에서 쪼그리고 앉아 직접 키운 농산물을 팔고 있는 할머니들이 즐비한 그곳은 무언가 어딘지 모르게 회색빛이 느껴지는 시골 같은 도시였다.

작은 초등학교 보건실에 처음 발을 내딛는 순간 봄날의 햇살이 내리쬐며 나를 설렘으로 물들게 했다. 운동장에서 신나게 뛰어노는 작은 아이들이 모두 사랑스럽게만 보였고 낡디낡은 보건실도 마치 새 아파트를 분양받은 것처럼 소중하기만 했다. 이 넓은 공간에서 혼자 학생들을 돌보고 수업도 해야 한다니 기쁨의 벅참과 두려움이 동시에 들이닥쳤다. '누가 날 도와주지? 응급상황인 학생이 오면 어떻게 해야 하지?' 공포가 밀려왔다. 학생 처치도 문제지만 당장 보건 수업을 시작해야 했다. 물론 대학에서 철저하게 교육받고 나왔지만 혼자 해내야 한다는 두려움이 설렘을 멈추게 했다. 병원에서 혼자 할 수 있는 일들이 없어 싫었는데 학교에 오니 모든 것을 혼자 해결해 내야만 했다.

두려움이 공포가 되기 직전에 하늘같은 선배님이 혜성처럼 등장하여 보건실 업무를 하나하나 가르쳐주셨다. 옆 학교에 근무하셨지만 마치 같은 공간에 있는 것처럼 수시로 전화해서 지도해 주시고 응원해 주셨다. 발령장을 들고 간 학교 교무실에는 아주 무섭게 생긴 교감 선생님이 앉아계셨다. 이제 당당한 교사임에도 불구하고 학창 시절 무서웠던 교감 선생님을 만난 것처럼 떨리고 두려웠다. 그런데 학교에서 가장 무섭기로 소문나있던 교감 선생님이 나에게 행운의 카드가 되어 주셨다. 공문시 작성하는 방법부터 결재 상신, 품의 올리는 방법까지 하나하나 나머지 공부하는 학생을 지도하는 것처럼 꼼꼼히 알려주셨다. Chat GPT처럼 교감 선생님은 나의 질문 같지 않은 질문에도 답해주셨고 거기에 칭찬과 격려까지 더해주셨다. 이렇게 학교생활에서 첫 번째 장미꽃을 발견했다. 바로 선배님들이었다.

27살 초임 시절 만난 두 명의 제자가 있었다. 보건 도우미 역할을 자처하며 보건 수업이 있을 때면 늘 보건실에 먼저 찾아와 준비물을 챙겨주던 6학년 똘똘이들이었다. 중고등학생이 되고 스승의 날 몇 번의 만남이 있었다. 서로가 너무 바빠 한동안 교류하지 못하다가 아이들이 대학생이 되며 다시 연락이 닿게 되었다. 마치 깜짝 파티를 하는 것처럼 두 아이는 내 앞에 나타났고 무엇보다 놀라운 것은 두 아이 모두 간호대학에 입학하여 간호사 후배들이 되었다는 사실이었다. '담임교사도 아닌 내가 아이들에게 무슨 큰 영향을 줬겠어?' 아무것도 해준 것이 없다고 생각했었는데 아이들은 나를 보며 간호사의 꿈을 갖게 되었고 보건교사가 되고 싶었다고 말해주었다. 가슴 한구석이 무언가 찌릿하며 감동의 물결이 치는 순간이었다. 훌륭하게 성장한 제자를 보며 교사만이 느낄 수 있는 그 뿌듯함과 감동이었던 것이다. '나도 모르는 사이에 아이들에게 영향력을 끼치고 있었구나. 아무것도 안 한 게 아니었구나.' 두 번째 장미꽃은 바로 학생들이었다.

17년의 학교생활을 하며 2008년 신종플루, 2015년 메르스, 2020년 코로나까지 전 세계를 뒤흔든 감염병을 모두 함께하였다. 코로나가 닥친 인천의 한 중학교에서 선별진료소를 운동장에 여러 차례 만들어 가며 우리 학교의 파수꾼이 되어 안전한 학교를 지켜내고자 동분서주 잠 못 자는 날들을 보냈다. 그때까지 나는 학교에서 혼자라고 생각했다. 학교에서 1인이 근무하는 보건교사의 업무를 이해할 수 있는 동료 교사는 많지 않았고, 무엇이든 열심히 하려고 노력했지만, 늘 노력은 흔적도 없이 공기 중에 사라져가고 있는 곳이 학교라고 생각했다.

그러나 3년간의 코로나 기간 동안 많은 선생님의 도움을 받으며 '함께'하는 것의 가치와 힘을 느끼게 되었다. 전 세계적인 공황 상태에서 학교의 보건교사 혼자 할 수 있는 일은 없었고 여러 사람이 함께 해결 해야 하는 일들이 가득했다. 한마디만 하면 여기저기서 선생님들이 나타나 척척 해결하고 도와주셨다. 새벽 1시에도 전화가 울렸고 새벽 6시에 학교에 나와 회의하기도 했지만 힘들기보다 오히려 도파민이 넘치고 활력이 있었다. 지금까지 보건교사는 학교에서 혼자라고 큰 착각을 했던 것이다. 노력은 혼자가 아닌 함께 할 때 빛이 나는 것이었다. 그렇게 3년 동안 또 하나의 장미꽃을 발견했다. 바로 함께하는 가치였다.

나는 늘 운이 좋은 사람이었다. 시험 운도 좋아 노력한 것에 비해 결과가 잘 나왔고, 주변에 좋은 사람들도 많았으며 어려운 일이 있으면 곧 또 좋은 일이 생기곤 했다. 얼마 전 지인을 만나 "저는 항상 운이 좋은 편이에요."라고 하니 이 말을 해주었다. *"운이란, 준비가 기회를 만나는 것이다."* 바로 나이팅게일이 한 말이었다. 평소에 차곡차곡 조용히 쌓아온 준비들이 '운'이 되어 돌아오는 것이라고 한다. 아무것도 안 하고 지나간 세월은 없다.

40대 중반이 되어가며 어디를 향해 가고 있는 것인지 나의 꿈은 무엇인지 많은 생각들을 하게 되었다. 100세 시대에 아직 절반도 살지 못했고, 하고 싶은 것은 너무 많은데 하루하루가 아깝고 소중하기만 하다. 여전히 나의 '운'을 위해 장미꽃을 차곡차곡 모으고 있다. 할 수 있을 때 장미꽃을 모아 내가 모은 장미꽃들이 따스한 정원이 될 수 있도록 하루하루에 정성을 다하고자 한다. 20대에 그렸던 인생 그래프가 점점 행복한 곡선이 되어가고 있다고 믿는다.

당신의 장미꽃은 무엇인가요?

2

이름을 불러주세요

쇠이유는 우리말로 '문턱'을 뜻한다. 프랑스에는 범죄 청소년을 교도소와 같은 수감시설에서 교화하는 것이 아닌 걷기 여행을 통해 교화를 꾀하는 '쇠이유'라는 단체가 있다. 프랑스의 유명한 교육 방식으로 하루 18km씩 총 1,800km를 걷도록 한다. 걷기를 통하여 스스로를 돌아보고 새로운 삶을 찾아가고 살아가는 의지를 갖게 해주는 교육 프로그램이다. 수감시설에서의 억압이 아닌 함께 걷는 사유의 시간을 통해 아이들이 자기를 인식하고 타인과의 관계 형성을 통해 사회의 문턱을 넘어간다.

보건실에서는 교실에서 견디기 힘든 아이들을 많이 만나게 된다. 공부 잘하고 똑 부러지는 아이들은 수업 중에 보건실을 방문하는 일이 거의 없다. 수업에 참여하기 싫고 의자에 앉아 있는 것만으로도 너무 힘들고 공부에는 더더욱 관심이 없는 아이들이 주로 보건실 단골 손님이다. 일단 보건실에 가서 아픈 모습을 몇 번 어필하고 그것을 사유로 조퇴해야겠다는 목표 의식이 있는 아이들이 많다. 등교하면서부터 보건실에 들러 "배가 아파요. 머리 아파요. 한 시간만 누워있다 가게 해주세요."라고 말하며 간절한 눈빛으로 나를 본다.

내가 근무하는 학교에는 일과시간 동안 점검표에 몇 회 이상 적히면 남아서 별도 지도를 받는 프로그램이 있는데, 그 프로그램에 지도하러 들어가면 대부분 보건실 단골손님이 앉아서 나를 반긴다. 어떤 날은 이 아이들과 실랑이를 벌이느라 진이 빠지기도 하고 어떤 날은 또 얼마나 학교생활이 재미없고 힘들어서 이럴까 안쓰럽고 짠하기도 하다. 내 마음도 이렇게 왔다 갔다 하는데 질풍노도의 시기를 지나고 있는 저 아이들의 마음은 또 얼마나 흔들리랴.

언제부터인가 나는 아이들의 이름을 열심히 외웠다. 이렇게 힘든 아이들의 대부분은 가정에서 사랑이 부족한 아이들이 많다. 선생님이 나를 한 번 더 봐주길 바라고 친구들에게 관심을 받고 싶어 한다. 이름을 기억해서 먼저 불러주고 인사해 주면 반가워하며 환하게 웃는 아이의 모습에서 이름 외우기가 시작되었다. 보건교사는 전교의 아이들은 상대하므로 몇백 명에서, 많게는 천명 이상의 아이들을 만나야 한다. 그 아이들의 이름을 다 외워서 불러주는 일은 정말 쉽지 않다.

학생이 보건실에 방문하면 보건일지를 작성한다. 그럴 때 먼저 아이의 얼굴을 보고 이름을 떠올려 보려고 애쓴다. 이름을 물어보기 전에 내 머릿속에 먼저 띄워보고 이름을 맞춘다. 그러다 보면 나도 모르게 어느새 아이 이름이 외워진다. 학생 이름이 기억 안 나서 누구더라 고민하던 선생님들이 "그럴 때 보건 선생님께 여쭤보면 딱 알려주셔."라고 말하던 적도 있었다.

이름 외우기는 아이들에 대한 나의 작은 관심과 애정 표현의 시작이었다. 아이들의 이름을 먼저 불러주니 아프다고 찾아왔던 아이들 얼굴에 살짝 미소가 번진다. "○○이 오늘은 어디가 아파서 왔어?"라는 질문을 아이들은 본인에 대한 관심으로 받아들였다. 보건 선생님이 나를 기억해 주셨다며 고마워하고 좋아했다. 나와 친해졌다고 생각하고 보건실에 자주 찾아오는 단점이 있긴 하지만 이름 부르기로 사랑이 필요한 아이들에게 사랑을 조금 표현해 주었다.

이렇게 힘든 아이들이 의리가 있고 또 기억에 오래 남는다. 학교에서 무거운 짐을 나를 때에도 어디선가 나타나 짐을 척척 옮겨주기도 하고, 본인도 보건실에 와서 꾀병을 부리면서 또 다른 꾀병 친구들에게 "야. 아픈 척하지 마. 보건 선생님 괴롭히지 마."라고 허풍떨며 멋있는 척을 하기도 한다. 보건실에 끝도 없이 들어오는 아이들을 보며 보건 선생님 극한 직업이라며 나를 반대로 위로하기도 한다. 어떨 때는 참 이렇게 멋진 아이가 왜 이리 부모님 속을 썩이고 길을 잃고 방황하는 걸까 잡아주고 싶다. 손길을 내밀어도 쉽사리 잡지 않지만….

지훈이는 엄마와의 갈등이 매우 심했다. 엄마는 큰아이를 너무 훌륭하게 키우고 있었기에 둘째인 지훈이에 대한 기대도 매우 컸던 모양이다. 하지만 지훈이는 엄마의 기대에 미치지 못했고 엄마와 지훈이의 사이는 점점 균열이 생기고 멀어져갔다. 지훈이는 엄마와 말하기 섬섬 싫어했고 학교에서는 점점 반항하고 어긋난 행동들을 일삼았다. 교과 선생님마다 혀를 내두르며 혼을 내셨고 그럴수록 아이는 점점 더 삐뚤어졌다. 그럴 때마다 보건실에 와서 우울한 표정으로 "선생님 학교 다니기 진짜 싫어요."라고 말했다.

어느 날 진지하게 진로상담을 해달라고 찾아왔다. 진로상담에 대해 전문가가 아닌 나에게 찾아와 이런 이야기를 한다는 건 그저 자기 이야기를 들어주길 바라는 것이다. 그저 지훈이 이야기를 마음으로 들어주었다. 엄마와의 갈등에서 벗어나고 싶어 기숙사학교에 가고 싶단다. 하지만 대부분의 기숙사학교는 성적이 좋아야 하는 학교들이었고 지훈이는 그럴 성적이 당연히 되지 않았다. 지방에 있는 기숙학교에 가고 싶다고 말했다.

묵묵히 지훈이 이야기를 들어주었다. 이렇게 스스로 진로 고민도 하고 방법도 찾아왔으면서 나한테 무슨 이야기를 듣고 싶은 걸까? 그저 지훈이의 길을 응원하는 것밖에 내가 할 수 있는 일은 없었다. 하지만 지훈이는 그런 진로 고민과는 별도로 계속 학교에서 사고를 치고 다녔고 점점 선생님들이 힘들어하는 학생이 되어가고 있었다.

그렇게 진로를 찾지 못한 채 일반고등학교에 진학하며 졸업했다. 졸업식 날 보건실에 와서 갑자기 큰절하며 "선생님 진짜 선생님께는 감사드렸어요. 나중에 꼭 찾아올게요." 이 말을 하고 듬직한 모습으로 떠났다. 물론 고등학생이 되어서도 지훈이는 아직 방황 중이다. 언젠가는 방황을 끝내고 성장하리라 믿으며 옆에서 묵묵히 응원을 보낸다.

교직 생활을 하면서 만난 학생 중 기억에서 절대 지울 수 없는 듯한 아이가 있다. 기호는 일탈 행동을 초등학교 때부터 일삼으며 보호관찰소에도 이미 여러 번 들락날락 하였다. 보호관찰소에 들어갔다 온다고 해서 기호의 행동이 교화되지는 않았다. 오히려 그곳에서 더 나쁜 친구들을 사귀게 되었고 출소하면 그 아이들과 어울려 다니면서 더 폭력적인 더 스케일이 큰 사고들을 치고 다녔다.

기호를 처음 알게 된 것은 코로나 팬데믹 시절이었다. 당시에는 확진자의 이동 경로를 조사해서 경로가 겹치면 모두 검사를 받게 하고 결과를 보고해야 하는 때였다. 기호는 코로나가 대유행일 때에도 어찌나 많이 돌아다니는지 수시로 검사대상자가 되는 통보를 받았다. 학교에서 하라는 대로 순순히 말을 들을 리 없는 기호는 아무리 말해도 검사를 하지 않고 도망 다니며 연락도 자기 맘대로 며칠 동안 차단해 버렸다. 담임교사와 보건교사가 번갈아 가며 연락해 어렵게 검사 받게 하는 등 여러 가지로 애를 먹이던 아이였다.

어느 날은 고가의 명품 팔찌를 하고 와서 "선생님. 이 팔찌 어느 브랜드인지 아세요? 하나 샀어요. 멋있죠?"라며 본인은 명품만 쓴다고 허세를 부리기도 한다. 또 하루는 가슴부터 팔까지 용 문신을 하고 자랑한다. 문신을 왜 했냐고 물어보니 강해 보이고 싶어서 했다고 한다. 기호는 이렇게 자기를 과시하고 남들에게 강해 보이고 싶어 했다.

기호에게도 가정의 아픔이 있었다. 어렸을 적부터 남들에게 무시당하는 게 싫어 강해 보이려고 나쁜 행동을 많이 했다. 학교에 성실하게 등교할 리 없던 기호는 늘 점심시간쯤 되면 슬리퍼를 끌고 학교에 온다. 오자마자 보건실로 와서 아픈 척을 한다. 그리고 담임선생님과 눈도장 찍고 급식 먹은 후 아프다며 집에 가버린다. 그래도 학교에 와줘서 고맙고 보건실이라도 찾아와 주어 다행이었다. 돈 많이 벌어서 찾아오겠다며 졸업한 기호가 아직도 짠하고 잊히지 않는다. 기호의 이야기를 들어주었다는 것밖에 해준 것은 없었지만, 기호의 삶이 안전하고 편안하기를 멀리서 묵묵히 응원한다.

보건실에서 이렇게 힘든 아이들을 만나며 내 삶의 목표가 하나 더 추가되었다. 훗날 교직에서 퇴직하게 되면 이 아이들과 함께 할 수 있는 '쉬이유' 같은 프로그램을 운영하는 단체를 운영하고 싶다. 요즘 학교에서 건강 텃밭을 운영하며 수업 중에 꾀병 부리고 나오는 아이들에게 함께 작물에 물을 주곤 한다. 머리 아프다던 아이들이 무거운 물통은 번쩍 들어 잘 뿌린다. 배가 아프다던 아이들이 주렁주렁 열려있는 토마토를 따 먹으며 신나 한다. 약보다 더 빠른 치유를 가져온다.

관심이 필요해서 나를 찾아오는 아이들에게 해줄 수 있는 것이 딱히 없어 서글프고 무력하던 시절이 있었다. 하지만 지금은 이름을 불러주고 이야기를 들어주는 것만으로도 아이의 마음이 조금 편안해진다는 것을 알고 있다. 이 아이들과 함께 자연을 걷고 동물을 돌보고 식물도 키우며 자연의 향기 속에서 사회의 문턱에 발 들일 수 있도록 도움을 주는 어른이 되고 싶다.

아이들의 이름을 불러주며 나의 꿈도 하나 만들게 되었다.

3

세상에서 보고 싶은 변화가 돼라

세계 인구의 약 10%가 하루에 1.90달러 미만으로 살아가고 있다고 한다. 우리 눈에 보이지 않는 곳에서 많은 사람들이 기본적인 생활조차 힘들게 유지하며 하나의 지구촌에서 함께 살아가고 있다. 누군가는 따뜻한 곳에서 편안하게 살아가고 지구 반대편의 누군가는 마실 물조차 없이 질병과 기아와 싸우고 있다.

간호대학에 다니던 시절부터 나의 작은 재능으로 누군가에게 도움을 주는 삶을 살아가고 싶다고 생각하기 시작했다. 너무나 재미없고 지루하던 대학 시절 유일하게 즐기며 참여했던 것이 봉사동아리였다. 독거노인을 대상으로 발 마사지를 하러 가기 위해 발 마사지 자격증을 따고 안마 봉사를 해드리기 위해 물리치료사 선생님들이 안마하는 것을 보고 배웠다. 안전한 주거시설도 없고 냉난방도 열악한 곳에 사는 독거노인들의 쉼터를 돌아다니며 정기적으로 봉사활동에 참여했다. 주거시설도 열악한데 개인위생 상태가 좋을 리 만무했다.

갓 20살을 넘긴 어린 여대생들이 독거노인에게서 나는 알 수 없는 체취를 맡아가며 발 마사지와 안마를 하는 것은 사실 쉽지 않았다. 하지만 왜인지 모르게 잘하고 싶었다. 나 스스로 할 수 있는 일이 있다는 것이 내가 누군가에게 힘이 될 수 있다는 것이 가슴 떨렸다. 자격증을 따서 미리 집에서 부모님께 발 마사지를 해드리고 틈나는 대로 연습해 가며 어르신들에게 정성을 다해 봉사했다. 봉사하고 나면 왜인지 마음이 따뜻해졌고 어르신들의 고마워하는 표정 하나하나에 진심이 느껴져 뿌듯했다. 마치 엄청난 일을 해낸 것처럼…. 할 수 있는 일이 하나 더 생겼다는 것이 행복했다.

보건교사로 학교에 근무하며 학생들과 함께 봉사하는 것 또한 나의 작은 바람이었다. 하지만 육아와 학교 근무만으로도 벅차 봉사는 꿈도 꾸지 못하며 퍽퍽한 삶을 살았다. 그러다 나의 자녀들이 다니는 학교에 내가 전근을 가게 되었다. '기회는 지금이야.'라는 생각이 들었다. 학생들과 봉사활동을 하면서 자녀들도 함께 봉사활동을 하면 일거양득이라는 확신이 생겼다. 용기 내서 20명의 학생들과 함께 RCY에 창립하게 되었다.

4년간의 RCY 활동 기간은 교직 생활을 기름칠해 준 소중한 시간이었다. 추운 겨울마다 어린 초등학생들을 데리고 연탄 나르기 봉사활동을 하러 갔다. 처음 연탄 봉사를 하던 날은 아직도 기억이 생생하다. 연탄 한 장은 왜 이리 무거운지 오른쪽에서 왼쪽으로 연탄을 앞사람에게 넘기는 반복 행동을 300번 정도 하고 나니 온몸이 쑤시고, 다리가 퉁퉁 부었다. 마스크를 끼고 했음에도 불구하고 콧속에서 검은 연탄 가루가 묻어 나왔다. 며칠 동안 학생들과 나는 몸살을 하며 끙끙거렸다. 다시는 연탄 봉사하고 싶지 않다고 말하던 아이들이 다음 해가 되자 연탄 봉사 빨리하러 가자고 성화였다. 추운 겨울날 꽁꽁 얼어붙은 손으로 나른 연탄 한 장 한 장에 고마워하던 산동네 어르신들의 눈망울이 아직도 생생하다.

다문화 학생들이 점점 많아지며 명절이 되어도 고향에 가지 못하는 이주민 가족들이 매년 증가하고 있다. 또래의 친구와 가족들을 위해서 추석에 함께 송편을 만들어 나누는 봉사를 했었다. 까만 피부의 동그란 눈을 가진 아이는 우리나라의 송편을 처음 먹어보고는 그 맛에 놀라는 서투른 표현을 보여주었다. 우리도 사실 명절에 송편을 만드는 일은 요즘 거의 하지 않기에 우리 학생들도 신나서 함께 만들고 즐기는 봉사가 되기도 했었다. 봉사라고 이름을 붙이고 함께 즐기고 놀수 있는 시간이 되기도 한다.

또 하나의 큰 꿈은 해외 봉사활동이었다. 그러던 중 보건교사회 임원으로 내가 직접 해외 봉사활동을 기획하고 준비해야 하는 상황이 발생했다. 영어도 잘하지 못하는 내가 해외 봉사를 기획하고 준비 실행까지 하는 일은 두렵고 만만치 않았다. 우여곡절 끝에 3개월이라는 긴 시간 동안 보건교사회 임원 선생님들과 함께 해외 보건교육 및 의료봉사 활동 준비를 했다. 전국에서 함께하실 역량 높은 보건 선생님들을 모집했다. 높은 경쟁률을 뚫고 열 명 남짓한 보건 선생님들을 봉사단으로 모셨다.

필리핀의 수도 마닐라에서 국내선 비행기로 환승하고 다시 버스를 타고 4시간을 달려야 하는 바콜로드 시티의 오지마을 아이들을 만나기 위해 우리는 오랜 시간 정성을 다해 준비했다. 모두 학교 근무를 하며 퇴근 후에는 봉사활동 준비를 하고 영어로 보건교육 준비까지 완벽하게 하였다.

그곳의 학교에는 화장실이 없었다. 학생들은 화장실이 급하면 집에 갔다 온다. 양치질을 잘하지 않아서 딱딱하게 쌓인 치석 때문에 어쩌다 한번 양치질을 하면 잇몸에서 피가 철철 난다. 손 씻기는 하루 종일 거의 하지 않아 더러운 손으로 음식도 먹고 놀기도 한다. 여학생들은 제대로 된 월경 교육을 받아보지 않아서 생리대 사용법을 잘 모르기도 하고 일회용 생리대를 구입하기가 어려워 하나로 오랫동안 착용하고 있기도 한다. 피임 교육도 받지 않아 어린 나이에 임신하고 출산해서 아이를 키우고 있는 너무나 어린 엄마들이 많았다. 탄산을 물처

림 미시는 생활 습관 때문에 혈당 체크를 하니 고혈당인 학부모들이 대단히 많았다. 고혈압 환자도 많았는데 본인이 혈압이 높은지도 모른 채 그냥 그렇게 살고 있었다. 그곳의 학교에는 보건교사가 따로 없어 아이들이 다쳐도 교사들은 응급처치를 할 줄 모른다. 그저 그렇게 운명에 맡긴 채 자연의 순리대로 살아가는 순수한 곳이었다.

한국에서 미리 준비해 간 칫솔과 양치 컵으로 어린아이들에게 칫솔질 교육을 해주었다. 손을 왜 깨끗이 해야 하는지 게임으로 보건교육을 하며 손 세정제를 이용한 손 씻기 실습도 함께 했다. 올바른 생리대 사용법을 알려주고 한국에서 준비해 간 생리대와 월경 팬티도 선물해 주었다. 교직원들에게 간단한 응급처치와 심폐소생술 교육을 해주니 본인들도 이제 할 수 있을 것 같다며 뿌듯해한다. 학부모들에게 혈압과 혈당 측정을 통해 생활습관병의 위험성을 알려주니 처음 들었다고 신기해한다. 한국의 전통 놀이 딱지치기, 제기차기, 실뜨기 등을 알려주니 높은 집중력을 발휘하며 열심히 참여한다. 나를 비롯한 3명의 보건교사가 미리 연습해 간 플루트연주로 한국의 음악을 들려주니 흥이 많은 필리핀 사람들 너무나 신나 한다.

한국에서 기증받은 듯한 '방탄소년단'이 쓰여 있는 낡은 티셔츠를 입고 있는 필리핀 꼬마의 눈동자가 너무나 맑았다. '양성평등'이라는 글씨가 쓰여 있는 티셔츠를 입고 있는 어린 엄마의 표정이 너무나 행복했다. 우리는 분명 그곳의 아이들에게 도움을 주러 갔다. 사는 것이

어렵고 힘드니 많이 지쳐 있을 것으로 생각하고 갔다. 하지만 아이들의 표정은 한국에서 학원 뺑뺑이를 돌며 지쳐있는 학생들과 달리 너무나 밝았고 눈동자는 반짝반짝 빛이 났다. 너나 할 것 없이 서슴없이 우리에게 먼저 다가와 한국말로 "고마워."를 외치며 사진을 찍어달라고 하였다. 자신의 감정을 표현하는데 거리낌이 없이 참으로 밝은 표정에 봉사하는 우리의 마음이 살살 녹아내렸다.

한여름 뜨거운 태양 아래 너무나 더운 필리핀 날씨에 지칠 법도 했지만, 봉사활동에서 내 삶의 소중한 또 하나의 추억을 가지고 왔다. 그곳에서 삶을 살아가는 태도를 배우고 감사함을 절실히 느꼈다. 필리핀의 아이들이 우리에게 고마움을 표현하며 걸어준 조개 목걸이는 아직도 내 방 한쪽에 걸려 반짝거린다. 아이들의 눈망울에서 희망을 얻었고 내가 그들에게 준 것보다 더 큰 것을 돌려받게 되었다.

봉사활동을 통해 단순히 남을 돕는 것 이상의 소중한 가치를 배운다. 그것은 바로 나눔의 기쁨과 서로 간의 이해, 그리고 함께 만들어가는 변화의 힘이었다. 봉사활동은 나에게 더 넓은 세상을 보게 해주었고 적은 노력으로도 큰 변화를 만들 수 있다는 자신감을 심어주었다. 앞으로도 더 나은 세상을 위해 내가 할 수 있는 일을 찾고 실천해 나가는 삶을 살고 싶다. 봉사활동의 뿌듯함은 나에게 지속적인 동기부어와 영감을 주는 소중한 경험이다.

　마하트마 간디는 "세상에서 보고 싶은 변화가 돼라"고 말했다. 이 말은 나를 움직이게 한 강력한 동기가 되었다. 더 나은 세상을 만들기 위해 내가 할 수 있는 작은 일들이 얼마나 큰 변화를 불러올지 앞으로의 남은 나의 인생에서도 기대된다.

4

오해해서 미안해

서커스단에 작은 아기 코끼리가 잡혀 왔다. 작은 발목에 묶인 사슬에서 벗어나고자 있는 힘을 다해 발버둥 친다. 하지만 아무리 저항해도 벗어날 수 없음을 알게 된 코끼리는 자신의 처지를 받아들이며 점점 포기하고 만다. 우리는 이것을 학습된 무기력이라 말한다. 오직 코끼리에게만 국한된 이야기일까? 학교 현장에도 무기력한 아이들이 날이 갈수록 많아지고 있다. 특히 코로나 시기를 지나오며 무력함은 일상이 되었다. 웬만한 자극 없이 반응을 끌어내기 어렵다. 자기 능력 밖 일까지 해낼 수 있는 아이들이지만 묶여 있는 코끼리처럼 현실에 순응하고 주저앉는 모습을 볼 때마다 안쓰럽다.

나에게도 아기 코끼리를 닮은 학생이 있다. 그 주인공은 바로 지혜. 보건실 단골손님인 민지가 어느 날, 친구가 학교에 잘 오지 않는다며 걱정을 늘어놓았다. 방과 후에 친구 집에 가본다는 말에 그냥 그런가보다 대수롭지 않게 여겼다. 다음날 민지의 손에 이끌려 지혜는 보건실에 나타났다. 지혜와의 첫 만남이었다.

그날부터 지혜는 툭하면 보건실에 찾아와 두통과 복통을 호소하며 침대 하나를 차지했다. 수업에서 빠져나오고 싶어 이곳저곳 아픈 핑계를 대며 보건실을 찾아오는 아이들은 점심시간이 되면 언제 아팠냐는 듯이 밖으로 달려 나갔지만, 지혜는 달랐다. 급식도 잘 먹지 않았다. 아빠와 둘이 사는 지혜는 주로 편의점에서 간식을 사서 배를 채우곤 했다. 처음에는 안타깝기도 했지만, 슬슬 화가 나기 시작했다. 학생 수가 많다 보니 하루에 70명 정도의 아이들이 끝도 없이 보건실에 찾아온다. 그 와중에 툭하면 찾아와 침대를 차지하고 자기를 봐달라고 손짓하는 지혜가 나를 점점 지치게 했다. 어르고 달래보아도 말을 듣지 않고 고집을 부렸다. 학교라는 울타리 안으로 한걸음 들어와주길 바라는 마음에 억지로 교실로 돌려보내면, 다음 시간에 조퇴해 버리고 도망가 버렸다.

"선생님도 저 싫어하세요?" 어김없이 찾아온 지혜에게 나도 모르게 퉁명스럽게 대하던 어느 날, 지혜가 개미 같은 목소리로 말했다. 망치로 머리를 맞은 듯한 느낌에 아차 싶었다. 내 말투와 행동이 아픈 아이를 더 아프게 만든 건 아닌지 걱정이 되었다. 지혜의 질문에 선뜻 아니라고 대답하지 못하는 나를 발견했다. 나의 잘못에 대한 일종의 죄책감으로 시작되었지만, 그날 이후로 보건실에 찾아오는 지혜와 같은 아이들이 나에게 특별해지기 시작했다. 작고 여린 아이들을 누가 이렇게 무기력하게 만들었을까? 어른의 잘못일까? 아니면 타고난 본성일까? 나는 조금씩 그 아이들의 영역 안으로 들어가게 되었다.

코로나 시기에 학교와 외부 업무까지 벅찬 시간이었지만, 보건 동아리를 창설했다. 지혜를 포함한 학교생활 적응이 힘든 몇몇 아이들을 가입시켜 학교 한쪽 구석에 '건강 텃밭'을 만들고 상추, 토마토, 가지, 호박 등의 작물을 심고 아이들과 가꾸기 시작했다. 더운 날 땀을 뻘뻘 흘리며 땅을 일구고, 잡초를 뽑고 물을 주며 정성을 다해 돌보았다. 아이들은 도대체 이걸 왜 해야 하는지 모르겠다며 투덜댔다. 그러나 아프다며 침대에 무기력하게 누워 있는 지혜는 입으로는 투덜댔지만, 손은 마치 아기 다루듯이 조심조심 쉬지 않고 잡초를 뽑았고, 상추를 딸 때면 혹시라도 상할까 정성스럽게 다뤘다.

사랑과 관심을 주면 자라나는 작물처럼 아이들 역시 조금씩 자라나고 있었다. 먹고 싶은 것도 없고 하고 싶은 것도 없이 애니메이션만 보던 지혜에게 성장의 순간이 있었다. 인천광역시청 일반인 심폐소생술 대회가 열린다는 공문을 받았다. 보건 동아리 아이들은 이미 여러 차례 교육을 받아 훈련되어 있었기에 우리도 대회에 한 번 참여해 보자고 권유하였다. 아이들에게 무엇이든지 적극적으로 하려고 하는 의지와 적극성을 갖게 해주고 싶어 큰 욕심 없이 참여하였다. 그런데 대회에서 지혜는 놀라웠다. 개미 같은 목소리는 사라지고 "저기요! 아저씨, 눈 떠보세요!"를 큰 소리로 외쳤다. 흉부 압박하는 그녀의 가느다란 팔에는 강인한 힘이 실려 있었다. 그날 지혜는 무려 심폐소생술 대회에서 대상을 받았다.

대상을 받은 지혜는 여전히 보건실에서 빈둥거린다. 겉으로 보기에는 예전과 똑같아 보이지만 분명 달라짐이 느껴졌다. 작은 아이를 짓누르던 무력감 대신 스스로에 대해 고민하기 시작한 것이 보였다. 작은 아기 코끼리를 묶어둔 쇠사슬은 조금씩 옅어지고 있었다. 조금씩 '나'를 찾아가던 지혜가 또 한 번 성장한 사건이 있었다.

지하철을 타고 하교하던 지혜 앞에 한 아저씨가 '쿵' 소리를 내며 쓰러졌다. 눈앞에 펼쳐진 실제 응급상황에 순간 너무 무섭고 당황했다. "어머! 누가 뭐라도 해봐요."라고 다급히 소리치는 한 아줌마의 목소리에 정신을 번쩍 차리고 학교에서 배운 대로 아저씨의 의식을 확인하였다. 옆에 있던 아저씨가 흉부 압박을 먼저 시작하고 지혜는 곧바로 119 신고 요청을 하고 번갈아 흉부 압박을 했다. 다행히 몇 분 안에 아저씨의 의식이 돌아왔다. 떨리는 목소리를 붙잡고 지혜는 내게 전화했다. "선생님, 제가 진짜로 사람을 살렸어요."라고 말하는 지혜의 목소리를 듣고 내 심장이 쿵쾅쿵쾅 떨렸다. '귀찮다는 이유로, 지쳤다는 이유로 고개를 돌리지 않기를 잘했구나. 17년간 아이들에게 보건교육을 한 것이 헛것이 아니었구나.' 보람이 물밀듯 밀려온 순간이었다.

꿈이 없다던 지혜는 사뭇 진지하고 설레는 표정으로 "선생님, 저 요리사 하고 싶어요. 나중에 신라호텔에 취직해서 꼭 선생님 초대할게요."라고 말하며 중학교를 졸업했다. 상추를 돌보던 지혜의 손, 심폐소생술을 하던 지혜의 손이 이제 요리사의 손으로 성장하고 있었다. 작은 코끼리 지혜는 스스로 자신에게 묶여있는 쇠사슬을 풀어냈다. 돌이켜보면 쇠사슬을 끊은 것은 지혜뿐만이 아니었다. 나 역시 한 뼘 더 성장하며 진정한 교사가 무엇인지 알아가게 되었다. 나 또한 어른 코끼리로 성장해 가는 중이다. 이제는 어른 코끼리가 된 지혜가 무엇을 하든 당당하게 사회에 한 걸음 내딛기를 응원한다.

5

혈당과 싸우는 아이들

모든 인연이 다 좋은 것은 아니다. 특히 병과의 인연이다. 운명이라고 하기엔 이상하게도 학교를 이동할 때마다 당뇨와 싸우고 있는 아이들을 계속 만나왔다. 뉴스에 자주 나와서 일반인들도 알다시피 현재 우리나라 당뇨병 학생 수가 심각하게 증가하고 있다. 그 당뇨라는 반갑지 않은 인연이 나에게 손을 내밀었고 나는 그 아이들의 손을 여러 번 잡아주었다.

2014년 처음 만난 민규는 초등학교 4학년이었다. "피곤해요. 누워 있을래요. 졸려요." 매번 꾀병이라고 오해하기 딱 좋은 증상을 호소하며 보건실에 찾아오기 시작했다. 며칠을 지켜보다 이상하다 싶어 담임선생님과 이야기를 나누었다. "선생님, 민규가 당뇨병이라는데 정확한 건 저도 잘 모르겠어요."라고 말하였다. 아무렇지 않게 당뇨라고 말하는 담임선생님 반응에 한 번 놀랐고 체형이 매우 작고 왜소한 민규가 당뇨라는 사실에 또 한 번 놀랐다.

그 당시만 해도 학교에서 당뇨병을 앓고 있는 학생을 만나는 것은 흔치 않은 일이었다. 당뇨 학생과 관련된 그 어떤 지원계획도 교육부, 교육청 단위에서 내려오지 않았으며 보건교사와 학부모가 상담하여 역량껏 보살펴 주는 것이 전부였다. 이러한 상황이다 보니 일반교사들도 경험해 보지 않은 이상 당뇨병이 얼마나 무섭고 심각한 질환인지 학교생활에서 어떤 관리가 필요한지 알 리 만무했다.

민규가 당뇨라는 이야기를 듣고 민규 아버지와 여러 차례 상담했다. 민규는 또래 아이들과 비교하면 매우 작고 왜소했다. 민규는 아버지, 할머니, 여동생과 살고 있었다. 아버지는 교대 근무를 하셔서 응급상황에서 연락이 잘되지 않는 날들이 많았다. 민규는 예전에 소아당뇨라 불리던 제1형 당뇨였다. 제1형 당뇨는 우리 몸에서 인슐린을 만들어 내지 못해서 혈당조절이 되지 않는 무서운 병이다. 아버지에게 민규가 학교에서 저혈당 증상이 자주 나타나니 가방에 항상 포도당 사탕과 응급상황에 대비할 수 있도록 연락 체계를 잘 취해주시길 당부드렸다. 당시만 해도 학교에서 보건교사가 글루카곤 주사를 할 수 없는 시기였기에 응급상황에서 보건교사가 할 수 있는 대처에는 한계가 있었다.

어느 날부터 민규의 혈당 관리가 잘 안되기 시작했다. '진단받은지 얼마 안 돼서 아직 불안정해 그런 걸까? 아이가 인슐린 투약을 잘못하고 있는 걸까?' 걱정이 되었다. 어느 날 수업 시간에 담임교사가 민규를 업고 보건실로 들어왔다. 축 늘어진 민규. 혈당을 측정해 보니 40대 수치이고 저혈당 증상이 보였다. 혹시 몰라 보건실에 준비해 둔 음료를 마시게 하고 혈당을 정상으로 회복시켜 놓았다. 다음날도 또 다음날도 계속 민규에게 저혈당 증상이 나타났다. 병원에 다녀왔는데도 민규의 상태는 크게 좋아지지 않았다.

여느 때처럼 저혈당 증상을 호소하며 보건실에 민규가 찾아왔다. "민규야 많이 힘들지? 혹시 무슨 걱정이 있니?" 민규는 말없이 울기 시작했다. 작은 몸이 떨리며 폭풍 같은 눈물을 쏟아냈다. "집에 들어가기 싫어요. 아빠도 싫고 다 싫어요!" 아빠와의 갈등이 심한 상태였던 것이다. 민규는 아빠와 사는 것도 싫고 아빠의 강압적인 명령조 말투도 싫다고 하였다. 게다가 내가 왜 당뇨병에 걸렸는지 도저히 받아들일 수 없으니 차라리 저혈당에 빠져 죽어버리고 싶다는 무서운 말까지 울며 토해냈다. '내가 들어줘서 민규의 마음이 풀리면 얼마나 좋을까….' 그렇게 한동안 민규는 반항의 저혈당 증상으로 보건실을 들락날락했다.

담임교사와 내가 민규와 민규아버지를 번갈아 상담해 가며 차차 민규의 마음에 안정이 찾아오는 듯했다. 그러던 어느 날 민규는 전학을 간다고 했다. 아빠와의 갈등이 더욱 심해진 것인지 엄마와 같이 살기로 했다며 민규는 그렇게 다른 학교로 떠났다. 이제 내가 보건교사로서 해줄 수 있는 게 없어졌기에 허무한 마음과 안타까운 마음이 가득했다. 부디 그곳에선 민규 마음에 안정이 찾아오길 멀리서 응원했다.

코로나가 한참이던 어느 날 중3 정수가 보건실에 찾아와 "선생님 저 당뇨병이래요."라고, 아무렇지 않게 말했다. 당뇨병을 이렇게 아무렇지 않게 이야기하는 정수가 철없어 보이기도 하면서 건강한 줄 알았던 정수가 당뇨라니 믿어지지 않았다.

정수는 키도 크고 건장한 체격을 갖고 있었다. 학교생활에 적응을 잘 못하고 다소 철없는 행동을 많이 하며 수시로 보건실에 오는 아이였다. 공부하기 싫어서 두통과 복통을 호소하며 거짓 통증을 호소하였기에 정수의 말을 100% 믿을 수는 없었다. 정수의 말이 진실인지 확인하기 위해 담임교사를 찾아갔다. "맞아요. 선생님 정수가 진짜 당뇨병이래요. 제가 뭘 도와줘야 할까요?"라고 담임교사는 말했다.

정수는 할머니와 둘이 살고 있는데 할머니도 건강 상태가 좋지 않아 정수를 꼼꼼히 챙기기 어려운 상황이었다. 정수는 겨울 방학 동안 많이 아팠다. 설 연휴에 집에서 할머니와 함께 있다가 본인이 쓰러졌고 기억이 잘 나지 않지만, 눈을 떠보니 병원 응급실이었다고 한다. 고혈당으로 의식을 잃고 쓰러진 것이다. 병원에서 검사를 해보니 제 1형 당뇨라고 하면서 인슐린을 처방해 주었다고 한다. 병원에서 퇴원할 때 간호사 선생님들께 교육받고 나오긴 했지만 어렵고 잘 모르겠다고 정수는 말했다.

그날부터 정수의 혈당 전쟁이 시작되었다. 식사 조절이 전혀 되지 않는 정수는 급식을 양껏 먹고 좋아하는 후식이 나오면 신나서 친구들 후식까지 받아서 배불리 먹었다. 그리고 본인 스스로 인슐린양을 조금 늘려서 주사하고 한 두 시간 후면 저혈당 증상이 나타난 거 같다며 보건실에 찾아온다. 다급하게 준비해 둔 음료 또는 포도당 사탕 등을 얼른 먹이고 30분 후에 정상 혈당이 되는 것을 확인하고 교실로 올려 보낸다. 이런 일상이 수일 반복되고 정수만 지치는 것이 아니라 나도 지쳐갔다.

매일 이렇게 혈당조절이 되지 않는 데는 분명 이유가 있을 것이다. 할머니에게 전화드려 설명해도 할머니는 잘 알아듣지 못하셨다. 병원에 가는 날 정수의 상태를 설명해 드리고 진료 시 인슐린양 조절이 필요함을 꼭 말씀드리도록 당부드렸다. 하지만 아무리 투약을 조절한다고 한들 정수의 생활 습관이 바뀌지 않아 쉽게 상태가 좋아지지 않았다. 이떤 날은 스스로 조절하지 못하는 정수에게 화가 났다가 또 어떤 날은 중학생 남자아이가 얼마나 먹고 싶은 게 많을까 그걸 참는 것이 얼마나 어려울까 싶어 안타까운 마음이 들기도 했다. 그렇게 중3 정수와 나는 1년 동안 혈당과 전쟁을 했다. 다그치고 토닥이며 자기 건강관리를 할 수 있는 정수의 역량을 키워주는 데 집중했다.

중3이 거의 끝나가던 어느 날 수업 중에 정수가 접시를 들고 보건실에 들어왔다.

"정수야 그게 뭐야? 웬 쿠키야? 너 그거 먹으면 안 된다는 거 알지?" 호들갑 떨며 물었다. 정수는 "선생님 저 이거 안 먹었어요. 지금 가정 실습 시간인데 쿠키 구웠어요. 선생님이 생각나서 가져온 거예요."라고 말하며 쿠키를 내 책상 위에 살며시 올려 두었다. 비록 쿠키의 모양은 아주 서툴렀고 먹음직스러워 보이는 모습은 아니었지만, 그 안에서 정수의 마음 냄새가 느껴졌다. 본인이 제일 힘들 텐데 스스로 관리 못 한다고 여러 번 혼냈던 나 자신을 반성하게 만들었다. 그렇게 정수의 혈당은 다소 안정을 찾아가며 중학교를 졸업했다. 정수는 지금쯤 잘 관리하고 건강하게 지내고 있으리라 믿으며 가끔 정수를 생각한다.

17년 동안 참 많은 당뇨 아이를 만났다. 해가 갈수록 점점 그 수가 늘어가고 있다. 잘못된 생활 습관의 문제 때문인지 2형 당뇨의 수가 큰 폭으로 증가하고 있다. 2형 당뇨는 1형에 비해 다소 손이 덜 가는 편이다. 매년 보건교사는 당뇨가 있는 학생을 조사하고 한명 한명에 맞춰 개별 당뇨병 관리 계획을 수립한다. 그리고 학생이 학교에서 안전하고 건강하게 생활할 수 있도록 당뇨병 관리조직을 구성하여 담임교사, 교과 교사, 스포츠 강사 등에게 당뇨 학생 주의 사항을 수시로 안내 및 교육한다. 더불어 당뇨는 가정에서의 관리가 매우 중요하기 때문에 학부모와도 수시로 상담을 실시한다. 학교에서 인슐린 투약이 필요할 때는 언제든지 보건실에 와서 투약하도록 지도하고 혹시 모를 상황에 대비하여 글루카곤, 인슐린 등을 보건실에 보관하도록 한다.

어린 나이에 혈당과 싸우는 아이들이 안타깝기도 하지만 평생 관리해야 하는 질병이니 스스로 해야 할 부분임을 인지시켜 줘야 하기에 다소 단호하게 행동할 때도 있다. 하루에 70명 정도 아이들이 보건실에 방문하는 거대학교에서 당뇨 학생 관리까지 하는 것이 쉽지는 않다. 오로지 그 아이에게 집중해서 관심을 기울여야 할 상황에도 다른 아이들이 계속 보건실에 들어와 나를 필요로 하기 때문이다.

아이들에게는 개인의 질병이지만, 그 아이들이 건강한 성인으로 성장하도록 도와야 하는 사회의 책임도 필요한 것이 아닐까? 건강하고 안전하게 성장할 수 있도록 학교라는 울타리 안에서 아이들에게 손길을 내줄 수 있는 보건교사라는 직업이 나는 오늘도 참 좋다.

6

멸치의 몸부림에 귀 기울이기

"우리가 살아가는 직접적인 목적은 괴로움"이라는 쇼펜하우어의 말은 마치 학교 현장에서 나를 두고 하는 말 같았다. 힘들 때마다 직장 생활에서 따뜻한 위로를 찾기는 쉬운 일이 아니었다. 원래 세상은 악으로 가득하고 완벽한 사람은 없으며 꼭 즐거워야 행복한 것은 아니라는 차갑디차가워 보이는 생각이 되레 위안을 가져다준다. 처음 임용될 때의 마음가짐과는 달리 점점 학교생활에 대한 로망과 기대는 빛을 잃어가고 있었다.

학교 안에서 보건교사라는 직업을 우습게 생각하는 사람들을 볼 때마다 괜스레 아무 잘못 없는 나를 탓하고 자존감 떨어지는 모습을 발견했다. 학창 시절 나름 모범생이었고 공부도 남들보다 더 많이 했는데 내가 왜 이런 생각을 하는 걸까 고민에 빠진 날들도 있었다. 그런 카오스 상태가 지속되던 어느 날 나의 괴로움이 아이들에게 위로받고 있음을 깨닫게 되었다. 어쩌면 내가 아이들을 치료해 준 것이 아니라 내가 아이들에게 치유되고 있을지도 모른다는 생각이 들었다.

'저 아이의 마음속에 어떤 괴로움이 자리를 잡고 있는 것일까?'

키 180cm 단정하고 잘생긴 민규는 입학할 때부터 보건실에 들락날락했다. 외모로 사람을 판단하는 것이 올바르지 않다는 것은 누구나 안다. 하지만 나도 모르게 외모로 사람의 첫인상이 단정 지어진다는 사실도 누구나 안다.

민규의 교실은 보건실과 아주 가까웠다. 그래서 그런지 수업 중에도 수시로 두통, 복통을 호소하며 보건실에 많이 온다. 이렇게 잘생겼는데도 이상하리만치 정이 안 가고 나도 모르게 내 마음속으로 저 아이에게 화를 내고 있다. 꾀병인 건 분명히 알겠는데 항상 표정이 우울하고 억울하다. 우리 학교 선생님들은 본인 말을 안 믿어줘서 화가 난다고 한다. 나는 진짜 아픈데 왜 보건 선생님 마음대로 나를 꾀병이라고 판단하냐며 화를 낸다.

어떤 날은 서로 같이 화를 내기도 했다. 하루에도 4~5번씩 머리 아프니 보건실에서 누워 있겠다고 주장하는 학생과 가벼운 두통은 참고 수업에 참여하라고 말하는 보건교사의 모습은 마치 놀이터에서 싸우는 초등학생 친구처럼 어리석어 보인다. 그러다 분이 안 풀리면 조퇴하겠다고 교무실로 뛰어가 담임선생님을 괴롭히기 시작한다. 지각, 조퇴, 결석을 밥 먹듯이 하는 민규는 출석 일수 따위는 아랑곳하지 않고 본인이 원하는 바를 이루어 내는 집념이 있다.

어떤 때는 민규가 정말 많이 아픈데 혹시 내가 못 알아보고 평소 행동으로만 미루어 짐작하여 꾀병이라고 치부하는 것은 아닐까 싶을 때도 있다. 하지만 퇴근길 학교 앞 상가 밀집 골목에서 친구들과 무리 지어 놀러 다니는 모습을 보면 또 난 쓸데없이 마음 쓴 내 시간을 후회한다. 그때 민규의 표정은 언제 아팠냐는 듯 그렇게 밝을 수가 없다.

어느 날 어김없이 민규가 보건실에 들어와 자게 해달라고 짜증 부리는 꿈을 꿨다. 월요일 아침부터 민규가 주인공인 꿈을 꾸며 잠에서 깼다. '아 오늘도 민규가 나한테 오려나 보다. 마음 단단히 먹고 가야겠다.' 다짐하며 출근했는데 컴퓨터를 켜자마자 민규의 담임선생님한테 전화가 왔다. "선생님 민규가 코로나에 걸려서 학교에 못 온다고 하네요." 순간 나는 빵 터지고 말았다. 밤새 꿈에서 민규를 만났는데 민규가 코로나에 걸렸다니 민규와 나는 무슨 인연이길래 이렇게 꿈과 현실을 오고 가며 만나는 것일까. 코로나에 완치되었다고 학교에 온 그날도 민규는 1교시부터 보건실로 와서 누워 있게 해달라고 징징거렸다. 그렇게 교실에 있기 싫을까. 그래도 학교에 온 것만으로도 칭찬을 해줘야 하나 싶은 학생들이 비단 민규뿐만이 아니라는 사실이 참으로 쓸쓸하다. 나의 허탈한 미소 한 번에 그렇게 까칠한 민규가 한번 웃어주면 또 희한하게 웃어줘서 고마웠다. 내가 민규를 치료해 주는 건지 민규가 나를 치료해 준 건지….

은성이는 학교에서 소위 짱이었다. 덩치가 큰 편이 아닌데도 남자 아이들 무리에서 은성이는 우두머리 노릇을 하며 늘 친구들을 끌고 다녔다. 하루에 한 번은 보건실에 오는 은성이는 친구들 사이에서는 무서웠지만 선생님에게만은 예의 바른 남자다운 학생이었다. 어떤 날은 보건실에 와서 꾀병 부리며 떼쓰고 있는 아이들을 다 쫓아내며 "야! 너희 보건 선생님 좀 그만 괴롭혀! 보건 선생님 힘드셔!"라고, 소리치며 애들을 다 쫓아냈다. 사실은 자기가 조용히 누워 있고 싶어서 라고 말하는 은성이는 나름의 매력 있는 학생이었다.

하루는 팔이 골절되고 온몸에 삼출물이 뚝뚝 흘러내리는 외상을 입은 상태로 보건실에 왔다. 밤새 아파서 한숨도 못 잤다고 살려달라고 찾아왔다. 깜짝 놀라 뭐 하다가 다쳤냐고 물으니, 정글짐에서 떨어졌단다. "뭐? 중학생이 정글짐에서 떨어지는 게 말이 되니? 거짓말을 그렇게 티 나게 한다고?" 말도 안 되는 거짓말이 당황스러웠지만 상처가 너무 심해 서둘러 드레싱 해주면서 조용히 다시 물었다. 사실은 오토바이를 타고 가다 다쳤다고 한다. 엄마한테 혼날까 봐 정글짐에서 떨어졌다고 말했다는 은성이를 보며 허탈한 웃음이 나왔다. 나도 아들을 키우는 엄마로서 은성이를 키우는 엄마는 또 얼마나 마음이 힘들까 하는 생각이 들었다. 매번 사고 치고, 다치고 또 치료해달라고 보건실에 열심히 들락날락하는 은성이를 보며 '그래 나라도 찾아와서 다행이고 고맙다.' 싶은 마음으로 은성이에게 웃어줬다.

어김없이 수학 시간이 되니 은성이는 머리가 아프다며 보건실에 왔다. 때마침 보건실에 다른 아이들도 없어 "은성아 넌 꿈이 뭐니? 어른이 되면 뭐 하려고 이렇게 맨날 사고를 치고 다니는 거야?" 하고 물었다. "선생님 전 부자가 될 거예요. 장사해서 부자 되면 제가 진짜 선생님 먼저 찾아올게요. 믿어보세요."라고, 말했다. 무슨 일을 해서 부자가 될 거냐는 질문에는 본인이 다 계획이 있으니 믿고 기다려 보라며 허풍을 떨었다. '너의 꿈이 비록 거품이 많이 섞여 있지만 그래도 꿈이 있어서 다행이야.' 흐뭇한 엄마 미소를 보여줬다.

"누가 너를 작고 못생겼다고 할까
너의 짧은 생은 참으로 치열했고
마지막 은빛 파닥거림은 장엄했다."

좋아하는 시 「멸치」의 한 구절이다. 학교에서 특히 보건실에서는 멸치 같은 친구들을 많이 만난다. 교실에 있기 싫고 억지로 어쩔 수 없이 학교에 온 멸치들은 건강하다가도 갑자기 온몸이 아프고 힘들다. 사실은 마음이 아픈 거지만 희한하게 증상은 몸으로 나타난다. 전문용어로 우리는 이것을 신체화 증상이라고 말한다. 이런 신체화 증상을 남들에게 호소하며 멸치처럼 순간순간을 치열하게 견뎌내고 있을지도 모르는 아이들. 그 가슴 안에서 무슨 일이 일어나고 있는지 예상

할 수는 없지만 멸치의 몸부림과 멸치의 소리에 조금이라도 귀 기울이려고 노력한다.

학교에서 누구보다도 멸치를 많이 만나는 보건교사는 그 마음에 귀 기울여 주어야 할 책무를 갖고 있다고 생각한다. 나의 작은 관심과 인정이 멸치를 더욱 파닥파닥 눈부시게 넓은 바다로 나아가도록, 힘을 내서 살아갈 수 있도록 한다면 그 또한 참으로 보람된 순간일 것이다.

멸치로 인해 나 또한 하루하루 어른이 되어가고 있다. 멸치로 인해 나의 아픔도 치유되고 있다.

7

초등학교 졸업하고
중학교에 입학합니다

17년의 교직 생활 동안 초등학교와 중학교에서 모두 근무하였다. 내가 임용시험을 치른 인천광역시교육청에서는 보건교사를 초·중등을 합쳐서 선발하고 희망에 따라 발령지를 임명한다. 27살 처음 임용되었을 때 중고등학생들은 어쩐지 무서웠고 응급사고가 자주 발생할 것 같다는 막연함에 한 치의 고민 없이 초등학교 발령 희망을 제출하였다. 13년 동안 초등학교 보건교사로 근무하고 지금 중학교에서 4년 차 보건교사로 근무 중이다. 타 교과 교사들은 초중등을 희망에 따라 이동할 수 있다며 부러움의 눈으로 바라보기도 한다.

초등학교와 중학교 보건교사의 업무는 큰 차이는 없다. 보건교사의 업무는 크게 학교보건 서비스와 보건교육으로 나뉘며 초중고 모두 동일하게 이루어지고 있다. 학교급보다는 학교 규모의 차이가 업무의 양에 큰 영향을 주는 편이다. 또한 학교문화와 관리자의 역량이 보건교사 업무를 좌지우지할 때도 있다. 보건교사는 업무 특성상 전교의 모든 교사와 소통한다. 아이들이 아파서 귀가시켜야 할 때, 보건실에서 안정이 필요할 때 등등 학생과 관련된 모든 일을 해결할 때마다 담임교사와 소통하고 협력해야 한다. 규모가 큰 학교의 일반교사들은 1년이 지나도록 동료의 얼굴도 모르는 사람들이 있다. 하지만 보건교사는 전교의 모든 선생님과 누구보다 자주 만나고 있다. 그만큼 동료와의 원활한 관계 및 의사소통이 중요한 자리다.

초등학교는 학교 특성상 모든 교사가 교대 출신이고 그 외 소수의 교사만이 다른 전공을 가지고 있다. 그들은 대학 선후배 사이도 많고 그들만의 동료애로 똘똘 뭉쳐있다. 초임 시절에는 이런 교대 분위기 속에서 나는 이방인인가 싶은 생각에 소외감이 컸다. "보건 선생님은 대학에서 무엇을 전공하신 거예요? 어떻게 보건교사가 되셨어요? 우리랑 똑같은 교사신 거죠?"라는 내 기준에서 굉장히 황당한 질문도 많이 받았다. 심지어 간호학원에 다니면 보건교사가 되는 줄 아는 사람도 있었다. 다른 직군에 관심이 없다 보면 모를 수 있는 당연함인데도 초임 시절 그런 질문을 하는 것조차 무시당하는 기분이 들어 불쾌했던 시절도 있었다.

코로나가 한참 기승을 부리던 2021년 중학교 보건교사로 발령이 났다. '초등학교에서 13년이나 근무했는데 중학생들과 잘 지낼 수 있을까?' 걱정도 되었고 코로나로 인해 보건교사의 업무가 굉장히 막중하고 부담스러운 상황이었음에도 불구하고 용기를 내어 중학교 희망 신청서를 제출했다. 초등학교에서 오랜 기간 근무하다 보니 중고등학교는 어떨까 싶은 호기심과 남은 교직 생활 다양한 학교급에서 여러 경험을 하고 싶은 욕심이 있었다. 무엇보다도 학생들과 다양한 활동을 하고 싶었는데 아무래도 초등학생들은 제약이 많았기에 중고등에 가 보고 싶은 마음이 컸다.

그때 나의 선택은 그야말로 탁월했다. 중학교에서 4년째 근무하고 있는 지금 나는 왜 진즉 중학교로 오지 않았을까 하는 생각을 한다. 중학교는 각자의 전공에 따라 임용이 되어 전공이 다른 교사들이 모여 있다. 그러다 보니 초등에 비하여 개인의 업무 영역을 존중하고 업무분장이 명확하며 상대방의 전문성을 존중하는 분위기가 더욱 진하다. 그래서 같은 일을 해도 업무 만족도가 꽤 높은 편이다.(물론 성향에 따라 중학교가 더 힘들다고 말하는 보건 선생님들도 계신다.)

중학교로 발령이 나고 코로나 대응 업무로 눈코 뜰 새 없이 바빠 새로운 학교, 새로운 동료들에게 적응할 겨를도 없이 학교에 스며들어 가고 있었다. 무섭기로 소문이 자자한 교감 선생님이 계신 전교생 930명 넘는 큰 규모의 학교다. 인근 지역에서 아무도 우리 학교 근무를 희망하는 보건교사가 없어 초등에서 넘어온 내가 이곳에 발령이 난 것이었다. 더군다나 학교는 건축된 지 50년이 넘어 곧 학교 건물을 부서트리고 새로운 건물을 지어 올린다고 하였다. 그러니 보건실 환경 또한 열악할 수밖에 없었다.

보건실 전화기는 하루에도 수십 통 이상 불이 났다. 겨우 퇴근하고 집에 가려고 하면 운전 중에도 전화, 자려고 누우면 또 전화, 새벽에 일어나 보면 메시지가 넘쳐났다. 학생 수가 많다 보니 코로나와 관련된 사건 사고도 끊임없이 발생하였고, 학생뿐만 아니라 교직원에게도 코로나는 똑같이 등장했으니 거의 1,000명이 넘는 사람들이 나에게 연락하고 있는 셈이었다. 체력적으로 굉장히 힘든 상황이었지만 희한하게도 힘들기보다 에너지가 솟구치고 있었다.

"보건 선생님은 우리 학교의 보배에요." 그렇게 무섭기로 유명한 교감 선생님께서 자주 해주신 말씀이었다. "시키는 대로 다 할 테니 보건 선생님이 진두지휘하면서 우리에게 명령만 내리세요."라고 말씀하셨다. 보건교사 혼자서 해결하기에 너무 힘드니 다른 선생님들에게 업무를 협조하도록 조정해 주시고 보건 선생님이 요청하는 사항은 즉각 즉각 해결해 주라고 교직원들에게 수시로 말씀하셨다. 관리자의 따뜻한 배려와 함께 철저하게 나의 전문성을 존중하고 믿어주는 동료 선생님들이 계셨다.

인정의 욕구가 채워진 것일까? 힘든 상황임에도 불구하고 나는 일에서 도파민을 만들어 내고 있었다. 코로나가 잘못을 탓하는 '때문에'가 아닌 긍정의 힘을 가진 '그럼에도 불구하고'의 방향으로 힘을 발휘한 때였다.

코로나가 끝나가며 「감염병 안심학교」라는 교육청 공모사업을 시작하게 되었다. 감염병 안심학교는 일종의 인천형 건강증진학교 사업이다. 감염병을 예방하기 위해서는 기본적인 면역력을 키우는 것이 가장 중요하다. 때마침 인천광역시교육청에서는 「읽걷쓰(읽고 걷고 쓰다)」라는 정책을 주요 역점사업으로 추진하기 시작했다. 공모사업을 운영하며 교직원들의 유대관계를 강화할 수 있는 프로그램이 있다면 행복한 직장생활이 될 것이라 생각했다. 더불어 건강에도 이바지할 수 있으니 소위 아이들 말로 개이득이었다.

학생, 교직원이 함께 어플을 이용하여 걷기 활동을 시작하였다. 또한 교사가 건강하고 행복해야 학생 지도도 더욱 빛이 날 것이라는 생각으로 교직원 생활 습관 프로젝트를 기획하게 되었다. 네이버 밴드를 이용하여 교직원들끼리 하루에 하나씩 건강생활 습관을 실천하고 인증하는 프로그램을 3년째 진행하고 있다. 퇴근 후 걷기를 인증하기도 하고 건강한 식단을 인증하기도 한다. 하루 2L 이상 물을 마시기도 하고 가족과의 여행을 통해 행복함을 인증하기도 한다. 동료 교사에게 응원의 메시지를 보내는 편지를 쓰기도 하며 교직원 간의 친목이 돈독해졌다. 더불어 학교생활이 즐거워졌고 정서적 건강을 얻게 되었다. 선생님들은 나에게 이런 온라인공간을 만들어줘서 정말 고맙다며 아직도 적극적으로 잘 참여하고 계신다. 함께하는 나 또한 매일의 인증 시간이 즐겁고 뿌듯한 순간이다.

데일 카네기의 인간관계론에서 "당신이 다른 사람들과 대화할 때에는, 그들이 가장 중요하고 유용하다고 느낄 때가 가장 좋은 때입니다."라는 말이 나온다. 상대방이 자신을 소중하게 느끼고 유용하다 느낄 때 서로 간의 신뢰와 친밀한 인간관계를 형성할 수 있다는 뜻이다.

학교생활을 하며 건강한 관계 속에서 에너지를 얻는다는 것을 몸소 배웠다. 사회생활을 하면서 일이 힘든 게 아니라 사람들과의 관계가 힘들어서 직장생활을 그만두고 싶고 도망가고 싶은 사람들이 많다. 나 또한 그런 적이 있었다. 중학교에 근무하기 시작하면서부터 학교생활에서 동료와의 관계에 행복함을 느끼기 시작했다. 그 바탕에는 나의 전문성을 인정받고 있다는 일종의 안도감도 있었을 테고 연차가 점점 쌓여가면서 나 자신도 안정적으로 되어가고 있는 것일 수도 있다. 이제 학교에서 중간 정도의 연차에 해당하는 구성원으로서 그에 맞는 역할이 또 요구된다고 생각한다. 훗날 나 또한 후배 교사들이 건강하고 행복한 직장생활을 할 수 있도록 편안하고 의지할 수 있는 선배 교사가 되기를 소망한다.

8

이 길의 끝에서
내 꿈은 이뤄질까

"내가 가는 이 길이 어디로 가는지 어디로 날 데려가는지
그곳은 어딘지 알 수 없지만 알 수 없지만 알 수 없지만 오늘도 난
걸어가고 있네"

80년대생이라면 단번에 유명했던 노래 가사임을 알아맞힐 것이다.
대학교 1학년 때 대중적으로 큰 인기를 끌었던 GOD의 〈길〉이라는 노
래다. 학교에서도 집에서도 늘 이것저것 바쁘게 활동하고 쉴 틈 없이
움직이는 나이지만 가끔은 멍해지며 모든 마음과 행동이 멈출 때가
있다. 내가 걸어갈 방향을 스스로 정했고 그곳으로 계속 걸어가고 있
다. 누가 시키지 않았고 나의 의지로 선택한 나의 길. 하지만 그 길이
맞는 길인지 틀린 길인지 아무도 모른다. 그저 선택을 믿고 나를 믿고
걸어갈 뿐이다.

짧은 임상 경력을 끝내기로 단호하게 접고 병원에서 나왔다. 1년 반
이라는 너무 짧은 임상 경력이 참 아쉬울 만큼 병원에서 행복했다. 간

호학과를 자퇴하고 싶었고 간호사가 되리라고는 생각해 보지도 않았던 삶이었는데 이상하게 병원 생활이 즐거웠다. 쉴 틈 없이 바쁘게 움직이는 그곳에서 나는 살아있음을 느꼈고 부족한 내가 아프고 힘든 사람들에게 도움을 줄 수 있음이 그저 감사했다. 물론 3교대를 하며 병원 생활이 육체적으로 힘들었다. 하루 한 끼도 먹지 못하는 날도 있었고, 10시간 넘게 서서 일하는 것은 기본이었다. 화장실도 못 가는 날들은 부지기수였기에 비뇨생식기 질병을 얻게 되는 간호사들도 많았다. 나이트 근무를 하며 시력을 잃었고 20대에 눈이 침침해졌다.

하지만 그곳에서 왜 나는 행복했을까? 너무 좋은 동료와 선배들이 함께여서였다고 생각한다. 소위 '태움'이라 부르는 간호사 생활의 선후배 간 갈등은 사회적으로도 널리 알려져 있다. 신규간호사 시절 '나 오늘도 활활 탔어. 죽을 것 같아.'라고 동기들은 늘상 말했다. 나는 복이 많았다. 근무가 끝나면 너무 고생했다며 맥주 한잔 사주는 선배들이 있었고 어쩌다 한번 쉬는 날 함께 여행하며 서로를 위로한 동기들이 있어 견딜 수 있었다. 병원을 그만두고 나온 지 20년이 다 되어 가는 지금도 우리는 이제 자매 관계 아니냐고 이야기하며 만나고 있다. 이제 선후배가 아닌 친구, 언니 같은 사랑하는 사람들이 있었기에 1년 반의 짧은 임상 경력이 내 생에 소중한 추억으로 남아 있다.

간호대학에 다니던 시절부터 이 길이 내가 맞는지 고민이 많았다.

그만하고 싶을 때마다 내 손을 잡아주는 사람들이 많았다. 그럴 때마다 임상에서 맛만 보고 난 임용고시 공부를 하겠다고 대학교 때부터 생각하고 있었다. 나이트 근무를 하던 어느 날 선배와 잠시 진로에 관한 이야기를 나누다 갑자기 다짐이 섰다. '바로 지금이다.' 내가 병원을 그만두어야 할 시기는 바로 지금이라는 생각이 들어 다음 날 바로 수간호사 선생님께 병원에서 퇴사하겠다고 말씀드렸다. 간호사가 한 명 빠지면 또 신규가 들어올 때까지 남은 사람들이 너무 힘들다는 것을 알기에 미안한 마음도 컸지만, 지금이 아니면 안 된다는 확신이 섰다. 지금 시작하면 꿈을 이룰 수 있을 것 같은 근거 없는 자신감이 들어 수간호사 선생님과 동료들의 만류를 뿌리치고 12월 31일 자로 갑작스럽게 병원을 떠났다.

퇴직 바로 다음 날 오랜만에 책가방을 메고 노량진에서 새해 첫날을 맞이했다. 임용고시 학원이란 곳이 있다는 것도 처음 알았던 나는 무턱대고 등록했다. '임용고시에서 떨어지면 어쩌지? 돈이 떨어지면 창피함을 이기고 다시 병원으로 가야 하나?' 이런 고민은 들지 않았다. 어디서 그런 호랑이 기운이 솟았는지 할 수 있다는 자신감이 있었고 병원 다니며 소소하게 모아둔 2,000만 원으로 학원비와 생활비 등등 부모님께 손 벌리지 않고 스스로 해낼 수 있다는 자신이 있었다.

그 당시 보건교사 임용 인원은 지금보다 훨씬 적었기에 한 번에 합격하는 것은 불가능하다고 사람들이 말했다. 학원가에는 몇 년째 임용고시를 준비하는 고시생들이 수두룩했다. 서울 토박이로 살아온 나는 한 번에 합격하기 위해 인천에서 임용고시를 치렀다. 30:1의 경쟁률을 뚫고 한 번에 임용고시에 합격했다. 돌아보지 않고 계속 갔다. 후회하지 않고 앞만 보고 갔다. 그것이 한방 합격 비결이 아니었나 생각한다. 내가 나를 믿었기에 가족들도 나를 믿고 지지해 주었다. 하루 3끼 밥을 차려주며 묵묵히 다 큰 자녀의 고시 공부를 지지해 준 부모님 덕이 가장 컸다.

학교에 근무하며 힘든 순간들도 참 많았다. '보건교사는 학교에서 어떤 존재일까? 나는 학교에서 꼭 필요한 사람일까? 학교가 과연 나한테 평생직장이 될 수 있을까?' 답도 없는 고민으로 수많은 날을 슬럼프에 빠져 있던 시절이 나를 참 힘들게 했다. 지금에 와서 되돌아보면 그 시간은 상처 치유 연고가 되어 후비고 찢기고 뻐근해졌던 내 마음을 스스로 잘 아물어 새살이 돋아나게 해주었다.

이 세상의 모든 생명체는 소리를 갖고 있다. 강아지, 고양이, 새는 물론 아주 작은 개미, 달팽이도 움직이며 작은 소리를 낸다. 시원한 봄바람이 불면 사부작사부작 부대끼며 내는 나뭇잎의 소리처럼 지구상의 작은 미물조차도 이렇게 소리를 내는데 학교에서 비교과교사라는 이름으로 소수의 입장을 갖고 있는 보건교사는 어떤 소리를 내고 있을까?

스스로 작아지지 말아야 한다. 내 목소리를 너무 키울 필요는 없다. 하지만 소리를 낼 줄은 알아야 한다. 타인과 나를 구별 짓고 선을 긋지 말아야 한다. 내가 그은 선 안에 스스로가 갇혀버릴 수 있다. 그렇다면 나는, 우리는 어떻게 살아가야 할까?

그 답을 찾기 위해 나는 17년째 고민하고 있다. 끝없는 자기 계발과 질문하는 삶, 계속되는 사유와 고민 그리고 타인과 적극적으로 함께 하려는 태도가 필요하다고 생각한다. 보건교사는 특히 그 어떤 교과보다 더 학교에서 적극적이어야 한다. 전교생을 상대하고 수많은 교직원을 상대해야 하는 보건 업무의 성격상 나 홀로 살아가기를 좋아하는 사람은 어쩌면 학교가 적성에 맞지 않을 수 있다. MBTI가 I인 나도 나이가 들며 점점 E의 성향을 보이게 되는 건 이런 내 생각 때문일까? 학교 안에 갇혀 있지 않고 학교 밖에서도 나를 자극하는 긍정 도파민을 찾고 있다. 적절한 자극은 삶의 활력소가 되고 내가 가보지 않은 다른 많을 길을 찾아가는 데 힘이 되고 있다. 거기서 나오는 도파민이 나를 간질간질하고 근질근질하게 만든다.

"시도하고 도전하면 성공할 수도, 실패할 수도 있다. 하지만 도전하지 않으면 100% 실패다. 나는 세대 맞고 네 대 더 때릴 수 있으면 도전한다. 한 대도 안 맞으면서 할 수 있는 일은 없다."

노무현 대통령이 한 말이다. 가끔 주춤하는 나를 발견할 때마다 마음에 한 번씩 되새기는 문구다. 이 글을 쓰고 있는 지금도 나는 또 다른 나의 길을 위해 도전하고 있다. 혹시라도 마음에 확신이 서지 않고 망설여지는 일들이 있다면 일단 나 자신을 믿고 도전해 보라고 말해주고 싶다. 나조차 나를 믿지 않으면 그 누구도 나를 믿어주지 않는다는 믿음을 가슴에 간직한 채….

9

같이하는 퀀텀점프

축구 경기에서 모든 선수가 골을 넣겠다고 상대편 골대 앞에만 모여 있으면 결국 수비와 골키퍼의 부재로 경기에서 질 수밖에 없다. 사람은 누구나 주목받고 싶은 욕심을 갖고 있고 인정의 욕구를 가지고 있다. 주목받지 않는 일을 하거나 빛나는 곳에 있지 않다고 제 역할을 하지 않는 것은 아니다. 가끔은 주목받고 있지만 제 역할을 하지 않는 사람도 있고 뒤에 묵묵히 본인의 책임을 성실하게 해내는 사람도 있다. 나는 주목받고 있는 위치에 있는가? 나는 남들 눈에 띄지 않지만, 묵묵히 제 할 일을 다 하고 있는가? 살아가며 한 번쯤 고민해 볼 부분이다.

신규 시절에는 학교에서 내가 보는 모습이 그 아이의 전부라고 착각한 적이 있었다. 매번 학교 안팎에서 사고를 치고 등교하면 보건실에 와서 누워 있고 싶어 하고 꾀병 부리는 아이들을 보며 '그래 넌 딱 그만큼이구나. 너의 그릇이 그거구나.'라고 오류를 범한 적이 있다. 그러나 시간이 지나며 아이들의 이중생활을 알게 되었다. 학교에서는 천방지축 선생님들을 힘들게 하지만 학교 밖에서 본인이 진짜 하고 싶은 것을 할 때는 돌변하는 아이들을 보았다. 사람은 각자의 그릇이 있고 그만큼의 역할을 하기 위해 누구나 재능이 있다는 것을 학교생활로 배웠다. 학교에서 보여주는 그 모습이 그 아이의 전부가 아니라는 것을 알고 있다.

지우는 학교에서 아주 유명한 사고뭉치 학생이었다. 코로나가 창궐하던 그 시기에 지우를 처음 만났다. 발열과 인후통 등 코로나 의심 증상이 있어 지침에 따라 바로 귀가 조치를 시켰다. 담임교사가 귀가시키려고 엄마에게 전화하니 무슨 권리로 우리 아이의 학습권을 방해하냐며 학교로 전화하여 소리를 지르고 교장실에 찾아와 항의했다. 자녀가 의심 증상이 있고 지침에 따라 조치한 것임을 설명하여도 막무가내였다. 지우의 엄마는 많이 아팠다. 피해의식이 가득했고 정서적으로 힘든 상황이라 지우를 잘 돌볼 리 만무했다. 지우는 엄마를 부끄러워했고 잦은 사고를 일으키며 빈번히 다쳐 보건실에 수시로 찾아왔다.

하지만 지우의 반짝이던 눈은 아직도 잊을 수 없다. 어느 날 "선생님 저 간호사 되고 싶어요. 제가 어떻게 해야 하는지 저 좀 도와주실 수 있어요?" 진심이 담긴 표정이었다. "물론이지, 지우가 간호사가 되고 싶구나. 진짜 잘 어울리는데. 궁금한 거 선생님이 다 알려줄게." 지우는 이미 유튜브를 통해 간호대학 입시 방법, 간호사의 진로, 간호사의 미래 등을 많이 찾아봐서 잘 알고 있었다. 다만 지우에게 부족한 것은 불안정한 가정환경으로 인한 심리적 불안감이었다. 엄마 때문에 집에 들어가기 싫고 그래서 밖으로 돌다 보니 거친 친구들과 어울리게 되는 상황이 반복되고 있었다.

지우는 간호사가 되어 혼자 독립하고 외국으로 나가 간호사로 일하고 싶다고 했다. 내가 해줄 수 있는 건 지우의 이야기를 그저 들어주고 지우가 궁금해하는 간호사 생활에 관해 이야기해 주는 것뿐이었다. 불우한 가정환경에도 불구하고 나름 강한 멘탈로 잘 견뎌내고 있다고 생각하면 어김없이 사고를 한 번씩 치고 왔다. 어느 날은 더운 여름에 토시를 하고 왔길래 물어보니 팔에 문신을 새겼다며 보여준다. 너무 당황한 내가 물었다. "지우야. 간호사가 팔에 문신이 있으면 환자들이 무서워하지 않을까?" 내가 너무 꼰대스러운 것일까. 지우는 그저 아무 말 없이 미소만 지었다. 엄마에 대한 반항의 표시였을까 무슨 마음으로 팔에 문신을 그리고 왔는지는 알 수 없었다.

어느 날은 과거의 잘못들을 해결하기 위해 법원에 제출할 탄원서가 필요하다고 말했다. "많으면 많을수록 좋다는데 제가 부탁할 사람이 없어 교회 선생님들이 써주셨어요. 학교에서 제가 부탁할 사람은 담임선생님과 보건 선생님뿐이에요." 지우의 눈빛에 진심이 담겨 있었고 지우의 진심을 믿었기에 고민 없이 탄원서를 써주었다. 그렇게 지우는 시행착오를 겪으며 다행히 자리를 찾아가고 있었다. 묵묵히 조용히 꿈을 향해 가고 있었다. 남들에게 주목받을 만큼 뛰어난 학생은 아니었지만, 본인의 역할을 찾아가고 있는 지우는 참 사랑스러웠다. 나에게 속마음을 이야기해 준 지우에게 너무나 고마웠고 방황을 끝내고 본인의 그릇을 채우려는 지우가 참 기특했다. 간호사가 되어 외국으로 가서 반짝이던 눈망울로 아픈 사람들을 돕는 지우가 되기를 간절히 응원한다.

학생뿐만 아니라 교사도 방황할 수 있다. 보건교사로 3~4년 근무하였을 때쯤, 이 직업을 내가 평생 갖고 갈 수 있을까 스스로 의심이 들기 시작했다. 보건교사가 학교에서 하는 일은 뻔하고 가치가 없다는 잘못된 생각이 들었다. 소소하게 다친 아이들 치료해 주고 종종 보건 수업하며 그저 남들이 보기에 편안한 직장일 뿐이고 타인에게 인정받지 못하는 학교에서 소외된 자리라는 생각이 들었다. 열심히 해봤자 보건교사라는 이유만으로 평가에서 늘 최하위를 주었고 보건교사의 업무가 아님에도 불구하고 강압적으로 나에게 업무가 주어진 적도 있었다.

"보건 선생님은 승진할 거 아니잖아. 그러니까 다른 선생님들한테 점수 좀 주자고." 아무렇지 않게 나한테 그런 말을 했다. 내가 주체하여 1년 동안 선도학교를 운영했는데 공은 다른 사람들에게 간 적도 있었다. 여교사들에게 한 달에 한 번 월경 휴가를 사용할 수 있게 해주던 시절이 있었다. 여교사들이 휴가를 내면 그 자리를 대신할 강사를 학교에서 채용했었다. 하지만 보건교사는 나 한 명만을 위해 강사를 별도로 채용하기가 어려워 쓰지 못하고 있었다. 그런데 굉장히 무섭던 교감 선생님이 나에게 선생님들 월경 휴가 계획표를 짜서 강사한테 주란다. "교감 선생님, 그걸 왜 제가 해야 하죠?" 물었다. "월경은 건강이잖아요. 그러니깐 보건 선생님이 해요."라고 말도 안 되는 소리를 하였다. 보건교사의 전문성을 철저히 무시하는 태도였다.

그때가 보건교사 인생 최대의 슬럼프였다. 학교생활이 지루하기만 하고 매일 반복되는 일상이 너무 지긋지긋했다. 보건교사로 근무한다는 것에 자부심을 느끼던 내 모습은 어디론가 사라지고 자괴감만 들었다. 보건실에 앉아 있기도 싫었고 내 마음이 그렇다 보니 아이들에게 친절하지도 못했다.

슬럼프를 이겨내기 위해 이것저것 배우기 시작했다. 교직의 최대 장점을 활용해야겠다는 생각이 들어 다양한 배움을 찾아다녔다. 그러다 보니 "와 보건 선생님이 이런 것도 배우세요? 멋지신데요. 너무 부러워요."라는 말들을 많이 듣게 되었다. 그림도 그리고 플루트도 배우고 바리스타도 배웠다. 이것저것 다양한 자격증도 하나둘 따보았다. 내가 할 수 있는 것들이 많아지고 재능이 하나둘 늘면서 내 마음도 부자가 되었다. 보건 수업 시간에는 내가 배운 것들을 녹이고 접목해 더욱 풍성한 보건 수업을 할 수 있었다. 한 시간 알차게 수업하고 나오면 그렇게 개운할 수가 없다. 아이들과 티키타카를 맞추며 한 시간 신나게 놀고 나온 느낌이 내 안에 가득해진다. 학교생활이 싫다고 힘들다고 말하던 아이들이 보건 수업에 잘 참여하는 모습을 보고 나면 내안에 다시 보건교사의 자부심이 끓어오른다.

활동의 영역이 넓어지며 다양한 전국의 보건 선생님들을 많이 만났다. 입이 쩍 벌어질 만큼 훌륭한 보건 선생님들이 전국에 너무 많다. '보건 선생님이 이런 일도 할 수 있다니!' 하고 놀란 적이 한두 번이 아니다. 전국보건교사회에서 임원으로 봉사하며 지금까지 뒤에서 이렇게 묵묵히 애써주신 선배님들이 계셨다는 사실에 참으로 감사하고 눈물이 났다. '나는 불평불만만 늘어놓았었는데 선배님들이 이렇게 힘들게 애써주고 계셨구나.' 존경하는 마음을 어찌 다 글로 표현할 수 있을까….

전국 단위 보건교육 연구회 BOAWAY 활동을 하며 보건교육을 위해 이렇게 다양한 연구를 하는 선생님들이 계신다는 것이 너무 자랑스러웠다. 건강한 청소년기를 보낼 수 있도록 보건교사가 이렇게 많이 노력하고 있고 그 안에 나도 함께할 수 있다는 것이 참으로 감사했다. 보건교사라는 직업이 너무 힘들어 슬럼프에 빠졌던 나 자신이 작아진다. 소중한 내 직업을 스스로 비하했던 내가 부끄럽다.

내가 먼저 움직이니 하나둘 달라졌다. 보건교사의 무궁무진한 앞날이 펼쳐지고 있음을 후배 보건 선생님들이 느끼게 해주고 싶다. 비록 앞에서 빛나지 못하더라도 묵묵히 자기 자리에서 제 역할을 넘치도록 잘하고 있는 보건교사가 참 많음을 알려주고 함께하자고 손 내밀고 싶다.

양자역학에서 퀀텀 점프라는 말이 사용된다. 양자가 하나의 에너지 상태에서 다른 에너지 상태로 옮겨갈 때 계단 위로 도약하듯 뛰어오르는 현상을 말한다. 퀀텀은 기존의 한계, 알려진 한계를 넘어서는 새로운 방법 또는 계책으로 비약적인 성장을 뜻한다. 정해진 때와 시간이 아닌 아무도 느끼지 못하는 사이 어느 순간 퀀텀 점프하기에 그 순간이 더욱 의미 있고 소중한 것 같다. 보건교사로서 주저앉는 시간도 성장하는 순간들도 여러 번 있었다. 아무것도 하지 않고 그냥 흘러가는 시간은 없다고들 말하듯이 보건교사로 학생들과 함께하는 힘들기도 행복하기도 한 순간순간이 의미 있는 시간이었다. 앞으로의 날들에도 혼자가 아닌 같이 퀀텀 점프할 수 있기를 기대한다.

10

함께 황금 양털을 찾아요!

그리스·로마 신화에서 이아손과 아르고 원정대가 갖가지 시련을 극복하면서 황금 양털을 찾아가는 이야기가 나온다. 인간이 인생을 살아가면서 다양한 고난을 겪고 용기와 노력으로 어떤 목적을 이루어 가는 과정, 혹은 이런 과정을 통해 자아를 실현해 가는 과정을 상징한다고 한다. 누구나 인생에서 자기 나름의 황금 양털이나 성배를 마음속에 품고 있고 그것을 찾아 헤맨다.

나의 황금 양털은 무엇일까?

나는 제대로 찾아가고 있는 걸까?

나의 황금 양털을 찾을 수 있을까?

교직 생활이 시작되고 얼마 되지 않아 큰아이를 출산하였다. 하고 싶은 것도 많고 배우고 싶은 것도 너무 많았던 28살에 엄마가 되었다. 천사가 나에게 찾아온 것처럼 너무 이쁘고 사랑스러운 아이였지만 그 것과는 별개로 육아는 너무 어려웠다. '밤에 왜 잠을 안 자고 울까? 왜

젖병을 빨지 않는 거지? 왜 오늘은 트림을 안 하지? 내가 뭘 잘못하고 있는 걸까?' 사소한 것 하나하나가 궁금하고 걱정거리가 되었고 내 잘 못인가 싶은 생각이 들었다.

출산으로 집에 있는 시간은 산후우울증이라는 말이 왜 생겨났는지 몸소 체험할 수 있는 3개월이었다. 거울에 비친 비루한 내 모습은 우울증 유발요인이 되기에 충분했으며 하루하루가 자존감 떨어지는 날들이었다. 20대 한창나이에 여기저기 놀러 다니는 친구들을 보면 부럽기만 했다. 산후우울증을 극복하고자 육아휴직을 하지 않고 바로 출근하기로 결심했다.

다행스럽게도 내가 근무하는 초등학교 안에는 교직원을 위한 직장 내 어린이집이 있었다. 큰아이는 태어난 지 6개월 만에 어린이집에 다니게 되었고 그곳에서 이유식을 처음으로 시작하였다. 어린이집에서 처음으로 걷기 시작했고 기저귀도 떼며 말도 잘하는 수다쟁이가 되었다. '엄마' 다음으로 '선생님'을 먼저 말하기 시작했다. 하루에 7~8시간 정도 어린이집에 있는 그 시간에 나는 같은 학교의 울타리 안에서 근무하고 퇴근하며 아이와 함께 집으로 왔다. 가끔은 어린이집 아이들이 학교 운동장에서 산책하는 귀여운 모습을 볼 수 있어 참 복 받은 시간이었다. 출장은 물론이거니와 회식도 참여하지 못했고 오로지 학교와 아이에게만 집중하는 삶을 살고 있었다.

매슬로우의 욕구 단계에서 인간의 가장 상위의 단계는 '자아실현의 욕구'이다. 나는 자아실현의 욕구가 강한 편이다. 육아도 중요하지만, 그 안에서 나를 찾아가는 길을 놓고 싶지 않았다. 타인에게 인정받고 승진하기 위해서가 아니고 경제적인 여유를 위해서가 아니라 나의 자아실현을 위해 끝없이 무언가를 배우고 움직이고 성장하길 원하는 사람이었다.

새로운 것을 배우고 도전하기에 참 좋은 직장인 학교는 나 같은 사람에게 최적화되어 있는 곳이었다. 만약 병원을 계속 다니고 있었다면 이렇게 다양한 배움이 일상에서 지속적으로 이루어지지 못했을 것이다. 교사는 앞을 내다보고 한걸음 먼저 걸어봐야 한다. 다양한 경험을 해야 하고 그 안에서 학생들에게 배움을 전달 할 수 있는 에너지가 계속 만들어진다.

첫 근무지였던 초등학교에서는 아이들 눈높이에 맞는 교직원 교육이 종종 열렸다. 방학 중에 교직원 대상으로 리본공예, 풍선아트 강의가 개설되어 동료 선생님들과 함께 자격증을 따게 되었다. 나의 솜씨로 학교 활동에 도움이 되어볼까 하는 마음으로 강당에서 흡연 예방 교육 체험 한마당을 할 때 풍선아트 실력을 발휘해서 무대를 꾸며보았다. 누군가는 업체를 시키면 되지 그걸 왜 하냐고 하기도 했지만, 아이들과 함께 풍선으로 꾸미며 교육을 준비하는 그 과정은 본 교육 시간만큼이나 의미 있고 즐거운 경험이 되었다. 더불어 다양한 건강 증진 행사를 하고 학생들에게 선물을 줄 때 나의 리본아트 실력으로 이쁘게 선물 포장을 하며 감동을 선물하기도 하였다. 배움은 하나도 헛되지 않게 학교 업무에 적용되고 있었다.

근무하던 초등학교가 오케스트라 중점학교로 외부 전문 강사들이 학교에 오랜 시간 상주하던 시절이 있었다. 친한 몇몇 선생님들과 함께 퇴근 시간 후에 강사님께 레슨을 받는 기회를 만들었다. 물론 개인 사비로 근무 이후의 시간을 활용하였고 방음시설이 완벽한 학교 내 오케스트라 실에서 개인지도 받을 수 있는 좋은 기회였다. 난생처음 으로 플루트라는 악기를 구입하게 되었다. '내가 과연 플루트 소리는 낼 수 있을까? 악기까지 사고 포기하는 건 아닐까?' 걱정되었다. 국민 학교에 다니던 시절 피아노를 배운 뒤 30대가 될 때까지 악기를 손에 대본 적이 없는 사람이었다. 육아 스트레스도 해소할 수 있는 좋은 배 움의 기회였다. 더불어 혼자가 아닌 동료와 함께 배울 수 있다는 장점 도 있어 용기를 내 시작할 수 있었다.

성인이 되어 배우는 악기의 맛은 남달랐다. 아름다운 플루트 소리 에 맞춰 내 기분도 오르락내리락 감정이 살아 움직이는 느낌이 들었 다. 반복되는 일상의 지루함을 악기로 잠시 쉬어가며 에너지를 얻을 수 있는 날들이었다. 훗날 필리핀으로 보건교육 및 의료 봉사활동을 가서 이때 배운 플롯 실력을 뽐낼 수 있었다. 보건교사 3명이 함께 아름다운 K-Pop을 필리핀 학생들에게 연주하며 K-보건교사의 역량을 타국에 알리는 뜻깊은 추억을 만들었다. 썩 훌륭한 실력까지 성장하지는 못했지만, 악기 하나쯤은 연주할 수 있는 사람으로 삶을 누리고 있다는 기쁨이 생겼다.

육아로 지치고 힘든 상황임에도 불구하고 대학원 과정을 시작하게 되었다. 학교에서 보건교사로 아이들을 만나는 것은 매우 의미 있고 중요한 일이지만 거기에서 또 한 걸음 성장하고 싶었다. 보건교육에 대한 국내외 트렌드와 변화를 배우며 연구하고 싶은 욕구가 생겨 석사과정을 시작하게 되었다. 석사과정은 생각보다 더 만만치 않았다. 일주일에 2~3회 퇴근과 동시에 대학원으로 달려가 밤 10시까지 수업을 들었다. 그렇게 5학기를 다니며 논문을 쓰고 연구를 했다. 2년 반이라는 시간 동안 두 명의 아이가 크고 있었다. 대학원에 가서도 아이 걱정에, 공부에 집중할 수 없었고 집에 오면 또 아이들 뒤치다꺼리를 하느라 쉴 수도 없었다. '나 지금 뭐 하는 거지? 왜 대학원을 시작한 거지?' 스스로 질책하기도 하고 흔들리는 마음도 다잡아 가며 힘들게 졸업을 했다.

비록 훌륭한 성적을 받지 못했고 간신히 졸업했지만, 석사과정을 통해 나는 한 단계 성장하였다. 학교 안 보건실 안에만 갇혀 있던 좁은 시야와 사고가 확산되고 깊어졌다. "보건교사가 굳이 대학원까지 왜 가는 거야? 안정적인 직장에서 왜 고생하는 거야?"라는 질문을 여러 차례 받았다. 내가 원하는 삶을 살기 위해서 원하지 않는 삶을 기꺼이 받아들이는 용기를 내었다고 대답했다. 과정이 순탄하지 않았고 나뿐만 아니라 가족과 주변 사람들까지 어려움이 많았지만 내가 원하는 삶을 용기 내서 살아가고 있음이 만족스러웠다. 다만 너무 힘들어 박사과정을 이어서 시작하지 못했던 것이 아직도 후회로 남는다. 외국에 나가서 공부해 보고 싶었던 꿈은 내 마음속에 저장해 두었다.

떠올릴 때마다 약간 두렵고 긴장되고 떨리는 일, 그게 바로 내가 원하는 것이라고 한다. 원하는 일, 원하는 삶을 찾아가는 방법을 알아내고 실천하는 과정이 삶인 것 같다.

'과연 무엇이 나를 살게 하는가? 어떤 삶이 나는 만족스러운가?' 스스로에게 끝없이 질문해 보아야 한다. 흔히 아이들이 말하는 고인 물이 되고 싶지 않아 배움과 변화를 시도하고 있다. 그것이 정답인지는 아무도 모른다. 문제를 푸는 데 있어 답을 찾는 것도 중요하지만 그 답을 스스로의 힘으로 찾아가는 과정이 중요하다. 나의 결정과 노력으로 내 삶의 답을 찾아가고 있다. 지금도 이렇게 에세이 작가라는 도전을 하며 명사형이 아닌 동사형의 삶으로 움직이며 예측 불가능한 삶은 살아가는 중이다. 다만 혼자서는 절대 불가능한 이 길에 가족과 동료의 힘으로 더불어 성장해 나가고 있다.

함께 황금 양털을 찾아요!

보건교사 해방일지

제3장

도전

가슴 뛰는 일을 하는 거야!

양지은

한 가지를 진득하게 하는 것이 진중한 사람이라면,

나는 그런 부류는 아니다.

나를 흥분시키는 단어는 대체로 이런 것들이다.

도전, 자유로움, 호기심, 열정, 재미, 설렘, 기쁨.

이런 것들.

무엇이든 해보는 사람

나는 17년 차 고등학교 보건교사다. 지금 하는 일이 손에 익어 출근 길이 두렵지 않고, 학생들의 빗발치는 각종 요구에도 당황하지 않는 다. 매달 월급이 꼬박꼬박 들어오고 있으며 공무원 연금으로 노후생 활을 할 예정이다. 자녀도 혼자 밥을 챙겨 먹을 정도로 자랐다. 나태 해지기 딱 좋은, 안정적인 직장을 가진 중년의 워킹맘이다. 그런데도 나는 아직 목마르다. I'm still hungry.

"꿈을 찾는 중이라고? 너 중년이야. 뭣 하러 그런 걸 찾아. 살던 대로 살아!"

"쟤가 지금 배부르고 등 따스워서 저러는 거야."

친구들은 시시때때로 바뀌는 내 관심사와 도전을 보며 대체로는 응원하지만, 술이라도 한잔 들어가는 날이면 꼭 진실의 입을 열어 빈정거린다. 이것저것 닥치는 대로 다 해보고 싶고, 온 세상을 다 누리고 싶다며 발을 동동 구르는 나를 보고 성인 ADHD 아니냐며 농담하곤한다. 맞다. 한 가지를 진득하게 하는 것이 진중한 사람이라면, 나는그런 부류는 아니다. 나를 흥분시키는 단어는 대체로 이런 것들이다.도전, 자유로움, 호기심, 열정, 재미, 설렘, 기쁨. 이런 것들.

간호사라고 하면 대부분 '희생·봉사'를 떠올린다. 실제로 친한 보건교사 동료는 주말마다 봉사활동을 다니고, 방학에 해외 봉사까지다니며 그것을 통해 삶의 의미를 찾았다고 했다. 대단히 이타적인 사람이다. 그런 사람들을 진심으로 존경하고 닮고 싶지만, 솔직히 나는이타심보다 자기애가 더 강한 사람이다. 그런 사람이 왜 간호학과에진학했느냐고 묻는다면, 이유는 단 하나, 취업률 때문이었다. 취업이잘 되고 돈을 잘 벌어 안정적으로 살 수 있다기에 진학했을 뿐인데,사람들은 내 직업이 간호사라고 하면 굉장히 이타적일 거라고 기대하는 것 같다.

하지만 나는 아직 미성숙한 인간이라 타인의 행복보다 내 욕망에더 관심이 많다. 타인의 행복을 위해 사는 사람들을 동경하면서도, 내자신은 아직 그런 경지에 이르지 못했다. 타인을 사랑하기 전에 내 마음이 온전해야 한다고 생각한다. 그래서 나는 '나를 사랑하는 것'에 더집중하며, 내 마음에 귀를 기울이는 데 더 오랜 시간을 사용한다. 마음이 끌리는 것이 있으면 그것을 바로 해봐야 직성이 풀린다. 엄마가

"그거 뜨거워!"라고 말해도 꼭 만져보고 "으악!" 하고 소리를 질러봐야 그것이 뜨겁다는 것을 깨닫는 편이다.

뭐든지 해본다고 했지, 뭐든지 잘한다거나 시작한 걸 끝까지 해낸다고는 안 했다. 예를 들어 길을 가다 10대 청소년들이 타는 스케이트보드가 멋있어 보이면 나는 며칠 내에 그것을 사들여 바로 도전한다. "너 늙어서 지금 다치면 크게 다쳐!!" 주변에서 많은 이들이 만류했지만, 귀에 들리지도 않았다. 스케이트보드를 안전하게 타는 법이나 내 형편없는 운동신경 같은 건 고려할 새도 없다. 일단 보드 위에 올라타고 발을 굴렀다. 입가에 씨익 미소가 번졌다. 내 관심은 오직 내가 엊그제 본 학생처럼 '스케이트보드 타는 멋진 나'가 되어보는 것뿐이었다.

그러나 그 도전은 보드를 구매한 지 채 한 달도 되지 않아 내 종아리뼈와 정강뼈 두 개가 동시에 댕강 부러지면서 끝이 났다. 보드를 타고 신나게 달리다가 돌부리에 걸렸고, 나와 보드는 가볍게 하늘을 날았다. 그 순간, 나는 뭔가 큰일이 났다는 걸 직감했지만 고양이처럼 멋진 낙법으로 착지하지는 못했다. 길바닥에 철퍼덕 엎드려 내 손으로 119에 직접 전화를 걸었다. 다리에 철심을 박는 수술을 하고, 3개월 넘게 집에서 기어다니며 온갖 놀림을 견뎌야 했다. 병가 신청서를 학교에 제출하면서 스케이트보드를 타다가 다쳤다는 내 말을 들은 교감 선생님의 황당한 표정은 지금 생각해도 웃음이 난다. '선생님이 그렇게 힙한 분인 줄 몰랐어요.' 하는 표정이었다.

그래도 나는 한 가지 도전을 실행으로 옮겨보았다는 점에서 만족한다. 짧은 순간이었지만 나는 지구에서 스케이트보드를 타는 멋진 중년 여성이었다. 만약 그 미션을 완수하기 위해 다시 스케이트보드에 올라타는 담대함까지 갖추었다면, 뭐라도 하나 성공해서 그럴싸한 명함 한 장은 가졌을지 모른다. 하지만 나는 도전해 봤다는 만족감만으로도 아주 행복했고, 관심사는 빠르게 다른 아이템으로 넘어갔다. 내의지가 원하는 대로 도전하다 보면 따라붙는 고생도 셀 수 없을 정도로 많지만, 그것으로 얻는 행복의 크기는 고생 목록을 지워버리기에 충분하다. 그렇게 잠시 다녀간 취미와 도전이 셀 수 없이 많은 게 나다. 해보고 싶으면 해봐야 하는 게 나다.

한 가지 목표를 가지고 앞만 보며 달리는 삶을 살지 못했다. 대단한 성취를 이뤄놓은 것도 없다. 처음 제 발로 산책하러 나간 세 살짜리 꼬마처럼 내 삶은 개미도 봤다가 민들레도 봤다가 하늘의 새도 봤다가 주변에 우는 아이를 멍하게 바라보기도 하면서 슬렁슬렁 길거리를 누비며 흘러가고 있다. 나는 이런 내 인생이 좋다. 앞만 보고 전력 질주하는 근성, 근사한 집이나 차, 멋들어진 명함은 없지만 내 삶을 돌아보았을 때 후회 없이 아주 재미있었다고는 말할 수 있다.

실존주의 철학자인 장 폴 사르트르는 "실존이 본질에 앞선다." 라고 말했다. 우리는 고정된 본질이나 하나의 꿈에 묶일 필요 없이, 자기 삶 속에서 자유롭게 선택하고 책임지면서 나 자신을 만들어 가면 된다. 자유로운 선택과 책임, 그리고 그 안에서 행복하기. 그게 내가 원하는 내 삶의 방향이다.

당신은 무엇을 할 때 가장 두근거리는가? 꿈은 무엇인가? 꿈에 대해 생각해 본 적이 없다고 당황할 필요는 없다. 솔직히, 꿈을 갖는다는 것도 개인 취향이다. 누군가에게 꿈을 갖고 살라고 강요할 생각은 없다. 꿈 없이도 사람들은 울고 웃으며 잘만 산다. 사실 꿈이 있다고 해서 성공이 보장되는 것도 아니고, 때로는 오랜 인내가 고통스럽다.

하지만 나는 생각만 해도 가슴이 쫄깃해지는 일이 하나쯤은 있어야 사는 게 재미있는 사람이다. 설렘이 없다면 삶이 조금 공허하게 느껴질 것 같다. 그다지 재미는 없지만 어느 정도 괜찮은 보수를 받는 일보다, 설령 그것에 재능이 없다 하더라도 가슴이 두근거리는 일을 하며 살고 싶다. 죽으면 닳아 없어지는 물리적인 성과보다는, 나 스스로 성취감이 느껴지는 일을 하며 살고 싶다.

설레는 일이 생기면 똑같이 반복되는 일상에서도 활력이 생기고, 평소 같으면 시도하지 않았을 일도 과감하게 시도해 보게 된다. 그 과정에서 예상치 못한 기회가 찾아오거나 새로운 가능성을 발견하기도 한다. 무엇보다 큰 성과가 없더라도 꾸준히 할 수 있을 만큼 열정이 생기는 일이라면 일을 하는 내내 행복할 수 있을 것이며, 그 분야의 '최고'가 되지 못하더라도 '장인'은 될 수 있다고 믿는다.

많은 경험은 편견을 부수고, 편견이 줄어들수록 더 많은 경험을 하게 된다. 철학자 버트런드 러셀은 "재미의 세계가 넓으면 넓을수록 행복의 기회가 많아지고, 운명의 지배를 덜 받게 된다."라고 말했다. 많은 경험은 제한된 운명의 울타리 안에 갇힌 당신을 넓은 세상 밖으로 인도할 것이다.

내 꿈은 경제학자나 경영인이 되었다가, 정치 비평가, 운동선수, 철학자가 되기도 한다. 마치 정갈한 산나물에 갑작스러운 전복, 해조류를 넣었다가, 양념 된 소고기까지 뒤죽박죽 섞어 놓고는 천연덕스럽게 참기름을 한 방울 넣어 쓱쓱 비벼 먹는 비빔밥 같다. 한 분야의 정통파 요리가 아니라서 유감이지만, 비빔밥 같은 내 인생이 세상 어디에도 없는 유일무이한 것만은 확실하다. 나는 오늘도 나를 사랑하고, 나의 삶에 몰입하기 위해 오늘 하루를 성실하고 재미있게 살아냈다. 그리고, 아직도 하고 싶은 게 너무 많다. I'm still hungry다.

2

생계형 몽상가의 직업

요즘 유행하는 MBTI로 분류하자면 나는 몽상가로 불리는 ENFP다. 하지만 몽상가도 꿈만 꾸어서는 살 수가 없다. 밥도 먹고 똥도 싸야 한다. 물론 내가 조선의 한량처럼 금수저를 물고 태어나 평생 밥걱정 없이 살았다면, 진정한 몽상가로서 지구별을 유유히 누비며 행복하게 살았을 것이다. 하지만 나는 금수저는커녕 제 밥값은 스스로 벌어야 하는 집에서 태어난 생계형 몽상가다.

1997년, 뉴스를 보는 부모님의 시선이 불안해 보였다. 하루가 멀다고 대기업들이 부도처리 되었고, 친구의 부모님이 하루아침에 실업자가 되었으며, 뉴스에서는 경제적 어려움으로 자살하는 사람들의 소식이 심심찮게 들렸다. 1997년 11월 21일, 정부는 국제통화기금 IMF의 구제 금융을 신청하며 사실상 국가 부도를 인정했다.

그 추운 겨울, 나는 고등학생이 되었다. 고등학생 3년 동안 '꿈이 무엇인지?'를 묻는 어른을 만나지 못했다. 그저 '취업 잘 되는 것'이 최고라고 배웠다. 사실 건축가가 되고 싶었다. 내 손으로 무에서 유를 창조하는 일이 정말 멋있어 보였다. 순수 예술인 음악 · 미술 · 체육보다 실용적이기까지 한 최고의 예술이라고 생각했다. 하지만 IMF 시절, 건설업은 어려운 분야 중 하나였다. 굴지의 건설회사들이 줄줄이 도산하던 때였다. 거칠고 험한 길이라도 걷겠다는 용기가 부족했을지도 모르고, 건축학과에 대한 내 열망이 그렇게 뜨겁지 않았을 수도 있다.

나는 꾸역꾸역 현실과 타협했다. 건축학과 대신 당시 취업률 1위 학과였던 간호학과에 진학했다. 내 인생에서 단 1초도 간호사가 되겠다는 생각을 해본 적이 없었지만, 취업률 100%라는 압도적인 숫자와 꽤 짭짤해 보이는 간호사 초봉에 마음이 흔들렸다. 아니, 흔들린 정도가 아니라 휩쓸렸다. 심지어 간호학과 면접시험장에 가서는 "어려서부터 제 꿈은 간호사였습니다."로 시작되는 자기소개서를 줄줄 읊었다. 매소드 연기를 하면서 나 자신도 내가 마치 처음부터 간호사가 꿈이었던 사람처럼 느껴질 정도였다. 밥값을 감당해야 하는 팔자를 타고났다면 그 정도 연기는 본능적으로 가능한 것. 심지어 면접장에 있던 교수님은 내 자기소개에 감명받으신 듯했다. 합격이었다.

간호학도로서 꼭 이루고 싶은 목표가 있었는가? 아니, 전혀 없었다. 세상을 바꾸겠다는, 혹은 인생을 어떻게 살겠다는 젊은이 특유의 허황한 목표도 없었다. 그저 현실에 그럭저럭 잘 적응했다. 동아리에 가입했고, 동기들과 밤새 술을 마셨고, 연애도 했다. 심지어 그 와중에 공부도 열심히 했다.

　의외로 간호학은 재미있었다. 수학이나 철학처럼 추상적인 개념을 다루는 것이 아니라, 내 몸을 통해 직접 관찰하고 증명할 수 있는, 당장 써먹을 수 있는 기술을 배우는 실용 학문이었기 때문이었다. 간호학을 배우면서 매사에 감사하는 일이 많아졌다. 매일 숨 쉬고, 먹고, 싸려면 수만 가지 생체기능이 단 하나의 오류도 없이 작동해야 한다는 것을 배우고 나자, 매일 숨 쉬고, 먹고, 싸는 것 자체가 기적으로 느껴졌다. 아직도 생생한 것이, 병리학 비뇨기과 수업을 하다가 쉬는 시간에 화장실에서 소변을 보는데 어찌나 시원하고 행복하든지 눈물이 날 뻔했다. "사랑스러운 내 신장! 내 요도! 내 방광!" 평소 당연하게 여겼던 내 몸의 모든 것이 소중하고 감사했다. 한때는 "엄마, 혹시 우리 집에 숨겨둔 재산 같은 거 없어?"라고 시건방진 질문을 던지던 내가, 이제는 "어머니, 저를 사지 멀쩡하고 잘 먹고 잘 싸는 인간으로 낳고 키워주셔서 감사합니다!"라고 말할 줄 알게 되었다. 지금, 이 순간에도 내 의지와 상관없이 가동되고 있는 내 신체가 너무 신기하고 사랑스럽다. 심장이 뛰고 소화를 시키고 소리를 듣고 피가 돌고 똥을 만든다. 나는 시킨 적이 없다. 하물며 이 작은 몸을 움직여 수영하거나, 그림을 그리는 순간은 얼마나 황홀한 느낌이겠는가! 완전 럭키비키다. 일상에 감사함이 많아지자, 인생도 한결 더 행복해졌다.

또, 간호학을 공부하면서 신의 존재에 대해 깊이 생각하게 되었다. 배우면 배울수록 DNA와 신체 구조, 생명현상은 너무나 정교하고 신비로웠다. 우연한 빅뱅과 우연에 우연이 겹쳐 진화하여 이 경이로운 생명체가 만들어졌다고? 그것은 마치 레고로 우주선을 만들어 화성 왕복을 하겠다는 것과 같은 터무니없는 주장이라고 느껴졌다. 간호학을 배우면 배울수록 되려 과학만으로는 자연의 신비로움을 온전히 설명할 수 없다는 생각이 들었다. 그래서 간호학을 공부하면서 성경을 읽고, 교회도 가보고, 신에 대해 오랫동안 고찰했다. 지구와 우주, 생명에 대해 생각했다. 나는 지금도 신을 믿지 않지만, 간호학을 배우면서 처음으로 나는 누구인지, 신이 존재하는지 등 철학적인 사유를 시작하게 되었다. 이는 아직도 나에게 많은 영감을 주며, 이때 시작한 긴 사유는 아직 끝을 맺지 못한 상태다.

마지막으로, 누군가를 돕는 것이 직업의 목표라는 점이 가장 마음에 들었다. 인류가 두꺼운 가죽이나 뿔도 없이 지구상에서 가장 지배적인 종으로 살아남을 수 있었던 비결 중의 하나가 바로 화합과 협력이다. 그래서, 나 역시 삶의 가장 중요한 가치로 협력을 꼽는다. 간호사는 애써 따로 기회를 마련하지 않아도, 일하는 자체로 다른 사람을 도울 수 있고, 이를 통해 돈도 벌고 자아실현까지 할 수 있다. 생각보다 꽤 괜찮은 직업이라는 생각이 들었다.

결국 나는 누구보다 즐겁게 대학 생활을 보냈다. 꿈도 낭만도 버리고 현실주의자의 길을 간다며 슬퍼했던 모습은 온데간데없고, 마치 처음부터 간호사를 꿈꿔왔던 사람처럼 대학 생활을 만끽했다. 간호사라는 직업 자체에 매력을 느끼게 되었고, 공부도 재미있었으며, 눈만 마주치면 술을 마셔대는 동아리 생활은 그야말로 행복 그 자체였다. 대학 동기들은 나의 인생 친구로 여태 남아주었다. 어쩌다 보니 열심히 살아버린 덕에 성적도 좋아 장학금을 받고 교직 이수도 했다. 참 재미있는 시절이었고, 인생 밑거름이 될 소중한 경험들이 많은 날들이었다.

어쩌면 나는 자랑할 만한 대단한 재능은 없지만, 어떤 시공간에도 잘 적응하는 능력만큼은 갖춘 인간인지도 모르겠다. 나는 누구보다 잘 적응했고 즐거웠다. 특별한 목표나 방향은 없었지만, 주어진 상황에서 닥치는 대로 열심히 또 즐겁게 살았다. 그렇게 나는 간호사가 되었다. 이제 돈 벌어 신나게 쓸 일만 남았다고 생각했다. 마치 고등학교 3학년 수학능력시험을 마치고, 이제 고생 끝 행복 시작이라고 믿었던 것처럼. 하지만 인생이라는 게 그렇게 호락호락하지가 않다. 고등학교 교과서를 던져버리니 두꺼운 전공서가 나타났고, 전공서를 덮으니 긴박한 필체의 오더 차트가 기다리고 있었다. 내 눈앞의 고개를 넘고 나면 때로는 평지가 아닌 더 큰 고개가 나오기도 하는 법. 어쩌겠는가. 깊이 숨을 들이켜고 또 한 발 내디딜 뿐이다. 앞으로.

3

실패한 잠실의 나이팅게일

국가고시를 치른 지 3일 만에 서울아산병원에 신규 간호사 사원증을 매고 출근했다. 대학교 졸업식도 하기 전이었다. 취업난이 심각했던 불황기에 졸업도 전에 취업했으니, 그 자리에 앉은 나의 표정은 그야말로 위풍당당했다. 모든 것이 희망적이었다. 나는 이 병원에서 빛과 소금이 되어 잠실의 나이팅게일이 되는 꿈을 꾸었다.

부푼 꿈을 안고 알코올 냄새가 짙게 밴 병동에 들어서는 순간, 처치실에 가득 늘어선 약품들과 꼬부랑글씨가 빼곡한 오더 차트를 받아든 순간, 나는 아직 준비되어 있지 않다는 것을 깨달았다. 머릿속이 하얘졌다. 모든 게임이 그렇다. 플레이가 선언되는 순간, 선수는 본인이 준비가 안 되어 있다는 것을 비로소 깨닫는다.

병원에서 신규 발령받은 곳은 내분비내과였다. 뇌하수체 및 시상하부, 갑상샘, 부갑상샘, 부신, 췌장 등 사람 몸에서 호르몬 생성 및 분비를 담당하는 내분비 기관의 이상으로 발생하는 각종 질환을 다루는 진료과다. 주요 진료 분야는 당뇨병, 갑상샘 질환, 뇌하수체 질환 등이다. 호르몬이라는 놈은 굉장히 예민한 구석이 있어서 약물 1mg에도 생사가 오갔다. 때문에, 간호사들은 매우 예민하게 약품을 다루었다. 환자든, 간호사든, 의사든 다들 날이 서 있는 것은 당연했다.

사람들은 가끔 뉴스에서 간호사 태움 문화를 보고 "간호사들은 다들 성격이 지랄맞은가 봐!" 한다. 하지만 간호사가 병동에서 예민할 수밖에 없는 이유는 작은 실수 하나로도 사람 생명이 위태로울 수 있기 때문이다. "실수에서 배우고 성장하는 거야!" 같은 말은 통하지 않는 곳이 병원이다. 병원에서의 실수는 치명적이다. 그러니 어리바리한 신규 간호사가 위축되는 것은 당연했다. 사실 선배 간호사들도 그렇게 마음이 편해 보이지는 않았다. 긴박한 상황을 머리로는 이해했지만, 작은 실수에도 "너 사람 죽일 거야?" 하는 선배의 호통에 울기도 참 많이 울었다.

내과 병동이니 수십 가지 검사 전·후 처치를 정확히 알아야 했다. 의사가 필요한 검사 처방을 내리면, 공복을 유지해야 하는 검사, 투입되는 약물의 효과가 지속되는 시간 등을 계산하여 검사 일정을 직접 짜야 했다. 수시로 검사실에 연락해서 일정을 조정했다. 빠듯한 일정에 환자와 이송팀, 검사실의 민원을 한 몸에 받았다.

수시로 바뀌는 환자들의 상태에 따라, 바빠서 연락도 잘 닿지 않는 의사에게 새로운 처방을 받아 처치해야 했다. 진료와 수술 일정에 쫓기는 전공의는 급할 때 통화가 잘 안될 때가 많았고, 환자는 빨리 조치해 달라며 간호사를 다그쳤다. 급하게 필요한 약물을 빨리 달라고 재촉하면 당연히 약제실에서도 화를 냈다. 그들의 입장은 이해하지만, 나는 나대로 내 임무를 수행해야 했다. 아픈 환자들은 인내심을 발휘해 봤자 10분에 한 번씩은 언제 약을 줄 거냐고 나를 보챘기 때문이다. 모두가 자신이 가장 응급한 상황이라고 말했다. 혈당이 널뛰듯 오르내리는 환자, 췌장염으로 통증이 극에 달한 환자, 한 달 동안 변을 보지 못해 얼굴이 노래진 환자, 그 밖에도 다양한 고통을 겪는 환자들이 "나는 언제 처치 받을 수 있냐?"라고 물었다.

반면, 모든 것이 태평인 환자들도 내 속을 태웠다. 정각에 시간을 맞춰 인슐린을 주입하지 않으면 언제 쓰러져도 이상하지 않을 환자는 수시로 병동에서 사라졌다. 담배를 피우러 나가거나, 문병하러 온 친구와 지하 1층 식당에 내려가서 투약 시간이 한참을 지나도 돌아오지 않았다. 전화도 받지 않아 사라진 환자를 찾아 헤매는 날도 많았다.

어떤 날은 교수님이 회진 중 갑자기 버럭 화를 냈다.

"여기 담당 간호사 누구야?"

"저… 입니다."

"내가 이 환자 칼륨 수치 조절 중이라고 했어? 안 했어? 식이 교육 안 했어?"

어제 오더를 보고 혈중 칼륨 수치가 높으니 바나나, 오렌지, 감자 등의 음식은 '절대' 드시면 안 된다고 분명히 책자까지 드리면서 설명해 드렸는데 고개를 들어 환자를 보니 그의 손에 '진짜 바나나를 갈아 만든 우유'가 들려 있었다. 내 눈이 토끼처럼 동그래져서 환자를 바라보자, 환자가 방긋 웃으며 답하기를, "아…. 먹지 말라고 하니까 오히려 밤새 바나나 생각이 나서 말이야. 이건 바나나는 아니지 않나?" 순간 웃음이 빵 터졌지만, 결국 일 똑바로 하라고 호되게 혼나고 나서야 상황이 마무리되었다. 어쨌든 한번은 혼나야 하루가 끝이 났다.

모두가 긴급한 상황에서 업무 우선순위를 정하느라 하루 종일 머릿속이 복잡했다. 환자들의 수많은 질문에 더해, 3차 병원인 만큼 보호자와 면회객들의 질문도 쏟아졌다. "○○○호 환자 상태가 어때요? 퇴원 언제 할 수 있겠어요?" 내가 알 턱이 있나. 바로 옆에서 통증을 호소하는 환자가 진통제를 달라고 소리치는 와중에도, "6인실 자리 언제 나와요? 내가 대기 몇 번이야?" 같은 자신의 질문이 더 긴급하다고 느끼는 사람도 있었다. 모두가 자신이 더 긴급하다고 간호사를 찾았다. 병원이 언제나 그렇듯 아픈 사람에 비해 의료진의 수는 턱없이 부족했다.

물론 그토록 일이 버거웠던 가장 큰 이유는 '서투른 나' 때문이었을 것이다. 환자, 보호자, 의사, 이송팀, 검사실, 약제팀 모두의 목표는 환자의 건강이다. 문제는 다들 너무 바쁘고 여유가 없다 보니 신규 간호사의 지나치게 신중한(한마디로 느린) 처치와 많은 질문, 서툰 모습이 짜증을 불렀으리라. 예외 상황들에 더 유연하게 대처했으면 좋았으련만, 이제 막 대학교를 졸업한 20대 초반의 어린 신규 간호사는 그러지 못했다. 모두 나에게 이유 없이 화를 내는 것 같아 서러운 마음에 많이도 울었다. "왜들 그리 화가 나 있어? 뭐가 문제야 say something."이었다.

병동에서는 일에 쫓겨 식사할 시간이 없었고, 기숙사로 가면 취사가 불가했다. 멀리 떨어진 식당에 가느니 밀린 잠을 해결하는 것을 선택했다. 그렇게 1년이 지나고, 45kg이었던 내 몸무게는 39kg이 되었다. 물론, 근무 중 식사 시간은 주어졌다. 다만 내가 일 처리가 늦어 제때 먹지 못했을 뿐이다. 선배들은 밥은 먹고 일을 하라며 나를 격려했지만, 밥 먹느라 일을 다 끝내지 못하면 인계 시간에 불같이 화를 냈다. "왜들 그리 화가 나 있어? 뭐가 문제야 say something."이었다.

물론 병원에서 근무하면서 좋은 추억도 많았다. 종종걸음으로 뛰어다니는 나에게 "밥은 먹었어?" 하며 입에 인절미를 넣어주시던 환자분도 계셨고, 퇴원할 때 짧은 감사 쪽지와 함께 사탕 같은 작은 선물을 건네주신 보호자도 있었다. 엄청나게 까칠하셨던 환자분이 나를 며느리 삼고 싶다며 스펙 좋은 아들을 불러 둘이 만나보라고 하신 적도 있다. 아드님께는 죄송하지만, 까칠한 시어머님을 미리 만나본 이상 더 이상의 만남은 정중히 사양했다. 어느 날은 병실에 붙은 담당 간호사 사진을 보고 찾아온 어린 여학생이 나에게 물었다. "언니, 살 어떻게 뺐어요? 벽에 붙은 저 볼살 통통한 간호사 사진이 언니예요?" 하하. 당신도 간호사가 되면 살이 저절로 빠질 거라고 대답해 줬다. 나이트 근무 중, 잠든 환자들의 바이탈 사인을 측정하다가 창밖을 보면 올림픽대교 아래로 유유히 흐르는 한강이 너무 아름다워서 잠시나마 선명하게 행복함을 느끼는 순간도 있었다. 후훗. '이런 멋진 풍경을 바라보며 간호업무를 수행하는 멋진 나.' 이러면서.

시간이 흐를수록 업무는 손에 익었고 환자분들이 다가와도 더 이상 두렵지 않았다. 동기들과는 서로 의지했고, 처음에는 무섭기만 했던 선배들과도 점점 친해졌다. 월급은 같은 나이대의 다른 직업을 가진 친구들보다 월등히 많았다. 아니, 아직 취업 전인 친구들도 많았다. 사회적인 인지도가 높은 좋은 직업이었다.

하지만 간호사는 체력적으로 매우 힘든 직업이었다. 장시간 서서 무거운 카트를 끌고 이동하며 일해야 하고, 밤낮이 바뀌는 교대 근무도 해야 했다. 식사 시간을 놓쳐 체중이 6kg이나 빠질 정도였으니 나는 많은 날 몹시 빨리 지쳤다. 대학 시절에는 밤새 술을 마시고도 다음 날 멀쩡히 수업을 들었던 나였는데 말이다. 퇴근하고 집에 돌아오면 데이트는커녕 기절하듯 잠들어 다음 출근 전까지 내내 잠만 잤다. 교대 근무 때문에 정해진 시간에 동호회 활동이나 취미 생활도 즐길 수 없어 삶은 더 피폐하게 느껴졌다.

감정적으로도 힘들었다. 3개월간 장기 입원했던 환자가 돌아가신 날, 나는 프로답지 못하게 간호사실에서 오열하고 말았다. 그로 인해 담당 환자들의 투약 시간도 놓쳤고, 하루 종일 울상을 하고 있던 내 얼굴은 다른 환자들에게까지 우울감을 전해주었다. 나는 사람들과 정이 빨리 들고, 헤어짐을 어려워하는 성격이라 환자들의 고통, 죽음, 가족들의 슬픔을 직면하는 것이 너무 힘들었다. 또, 내 감정적 동요가 환자들을 우울하게 만든다는 사실에 자괴감도 많이 느꼈다. 사람이 아프면 예민해지기 마련이고, 병원은 아픈 사람들이 모여 있는 곳이니 환자뿐 아니라 처치하는 의사와 간호사 모두 예민해질 수밖에 없었다. 그 속에서 공과 사를 칼같이 구분하지 못하는 내가 간호사로 평생 일할 수 있을지 자신이 없었다.

스스로에게 수십 번 질문을 던진 끝에 결국 퇴사를 결정했다. 그만두고 무엇을 해야 하나 깊이 고민하지 않았다. 아직 젊었고, 이 일을 계속하면서는 평화롭고 행복한 아침을 맞이할 자신이 없었기에 일단 퇴사 먼저 했다. 나는 이런 인생의 중대한 선택을 굉장히 충동적으로 내리는 편이다. 돌아보면 '그때 내가 무슨 생각이었지?' 어리둥절할 때도 많다. 하지만 그런 즉흥적인 결단력은 늘 나를 다음 단계로 도전하게 했다. 나는 그런 과정을 통해 성장해 왔고, 앞으로도 더 성장할 것이다. 나는 프로 성장러다.

4

너 자신을 알라고 소크라테스는 말했다

퇴사 후 임용시험에 합격해 보건교사가 되었다. 시험 준비로 노량진에서 보냈던 그 격렬하게 찌질했던 시간을 모두 풀어놓자면 책 한 권은 써야 할 것 같지만 나중을 기약한다. 어쨌든 결과는 합격이었다. 2월 초에 최종 합격하고 바로 한 달간 신규 교사 연수를 들었다. 2월 말에 발령받아 3월 1일부터 학교로 출근할 예정이었다.

그러나 인천시 재정 문제로 신설 예정이었던 7개 학교의 개교가 미뤄지면서, 많은 신규 교사가 당해 발령을 받지 못했다. 3월 출근을 준비하던 예비 교사들은 2월 말에 미발령 소식을 듣고 몹시 당황스러워했다. 졸지에 1년 동안 백수 신세가 되었기 때문이다. 나 역시 발령을 받지 못했지만, 오히려 너무 좋았다. "자유다!"

병원에서 벌어놓은 돈도 있었고 평생직장도 이미 확보한 상태였다. 결혼도 하지 않았고, 돌봐야 할 강아지나 자녀도 없었다. 돈은 있는데 시간은 많다니, "대박!" 일생일대 절호의 기회였다. 나는 당장 떠나야

겠다고 마음먹었다. 언제나 그렇듯 모든 결정은 빠르게 이루어졌고, 정신을 차리고 보니 4월 8일, 나는 영국으로 떠나는 비행기에 앉아 있었다. 비좁은 이코노미석 옆자리에 키가 190cm쯤 되는 영국인 남자가 다리도 벌리고 입도 벌리고 코를 골며 10시간 넘게 잠을 잤지만, 그 순간조차도 나는 너무 행복했다.

은퇴한 노부부들이 머무는 영국의 작은 시골 마을 이스트본에 하숙집을 구하고 어학원을 다녔다. 표면상으로는 어학연수였지만 실제로는 영국 곳곳을 여행하며 시간을 보냈다. 영국에서 더 이상 가고 싶은 곳이 없자 1~2주씩 이탈리아나 스페인 같은 이웃 나라들을 돌아다녔다. 여행계획이란 건 당연히 없었다. 인터넷도 스마트폰도 없던 시절이었으니 지도 한 장 들고 골목골목을 누볐다. 그래도 나는 매일 행복했다. 시장과 공원을 돌아다니며 아무에게나 말을 걸고 길거리에 앉아 식사하거나 잠깐씩 졸기도 했다.

유럽의 아름다운 풍경에 감탄하는 허니문 시기가 끝나고, 나는 차츰 박물관과 유적지를 찾아다니기 시작했다. 하지만 세계적으로 유명하다는 그림을 보아도 그 의미가 와닿지 않았고, 감동도 느낄 수 없었다. '사람들은 이 그림이나 조각을 보며 어떤 감동을 하는 걸까?' 궁금했다. '이 예술 작품들 안에 들어있는 이야기는 무엇일까? 그 이야기들을 알면 인생이 더 재미있어질까?'

그 답은 숙소비를 아끼기 위해 묵었던 도미토리 숙소에서 찾게 되었다. 도미토리는 여자 6~8명이 2층 침대를 잔뜩 집어넣은 방에서 함께 묵는 숙소인데, 그곳에 모이는 사람들의 국적과 나이가 정말 다양하다. 유럽은 대체로 해가 지면 가게들이 모두 문을 닫기 때문에 저녁이 되면 여행자들이 하나둘 숙소로 돌아온다.(20년 전 이야기라 지금은 유럽의 밤 문화도 한국처럼 발전했을지도 모르겠다.) 도미토리 숙소에 묵는 여행자는 대부분 주머니가 가벼운 젊은이들인데, 기운 넘치는 청춘들이 저녁 식사를 마쳤다고 바로 잠에 들었을 리 없다. 방에 들어오면 할 일이 딱히 없어 서로의 국적을 묻기도 하고 때로는 오늘 여행지에서 사 온 간식을 나누어 먹으며 사담을 나누기도 했다.

문제는 이야기가 길어질 때였다. 이야기가 길어지면 길어질수록 내 무식함이 자비 없이 드러났다.

"너 오늘 어디 다녀왔어? 뭘 봤니?"

"나 오늘 루브르 박물관에 갔어. 들라크루아의 〈민중을 이끄는 자유의 여신〉 같은 걸 봤지."

"아! 나도 프랑스 혁명을 그린 작품들을 좋아해! 입헌군주제는 정말 최악이야. 블라블라…."

정치, 경제, 세계사는 물론이고 그리스 · 로마 신화, 성경을 모르면 유럽의 문화를 즐기기 힘들었다. 도대체 저 장면이 무슨 뜻인지 알 수가 없었다. 오늘 보고 온 작품 이름만 말해도 걔들은 입헌군주제가 어떻다는 둥, 지금 대통령이 역할을 잘하고 있는지에 대한 이야기, 미국 서브프라임 모기지 사태에 관한 이야기까지 이어갔다. 모든 영어 대화를 다 알아들은 것도 아니었지만, 해석할 수 있었더라도 대화에 끼어들기 힘든 것은 분명했다. '바티칸 성당 위에 세워진 저 많은 동상은 누구일까? 사도 바울은 누구고 베드로는 누구지? 누구냐 넌….' 인터넷도 스마트폰도 없던 시절이라 바로바로 검색할 수도 없었다. 그저 '헤헤… 헤….' 하며 그들의 말을 듣고 있을 수밖에 없었다.

소크라테스가 "너 자신을 알라"고 했다. 나의 무식을 깨닫게 된 것은 엄청난 진보였다. 그저 아름답다고만 생각하며 걸었던 거리에 나가 고개를 들어보니 모든 것이 달라 보였다. 세상은 엄청나게 넓고, 재미있는 일들은 어마어마하게 많다는 것을 깨닫게 되었다. 그때부터 고전을 읽기 시작했다. 가장 시급한 것은 '성경'이었다. 어렵게 구한 성경책과 그리스·로마 신화를 더듬더듬 한 번 읽고 나니 예술 작품의 절반 정도는 '누구'인지 알아볼 수 있게 되었다. 도미토리에서 만난 장기 투숙 중인 한국인 미대생에게 부탁해 세계사도 일주일 만에 속성으로 배웠다. 그녀도 나의 무지에 놀라워했고, 나도 내 무지에 매순간 놀랐다.

"넌 이런 거 어떻게 알아?"

"언니, 이건 세상 사람들 다 아는 거예요."

나는 저세상 사람인가….

중고등학생 때는 교과서만 잘 읽어도 칭찬을 받았다. 교과서와 수능 언어영역 지문으로 나올만한 책들만 읽고도 모범생으로 졸업했다. 대학생 때는 전공 공부량이 어마어마해서 책을 읽을 수 있는 시간이 없었다. 라고 말하는 건 좀 양심이 없는 것 같고, 사실 술 마시고 연애하느라 책은 '아예' 안 읽었다. 그럼에도 취업도 하고, 임용시험도 붙었다. 괜찮았다.

하지만 학교와 직장 밖으로 나오니 괜찮지 않았다. 세상은 엄청 넓고 배울 것은 끝도 없었다. 그 사실이 나를 흥분시켰다. 유럽에 머무는 동안 끊임없이 보고, 배우고, 사람들과 교류하면서 나의 관성이 깨졌다. 내가 중요하다고 생각했던 것들은 그다지 중요하지 않았고, 내가 알고 싶지 않았던 것들은 삶의 중요한 가치를 결정하는 핵심적인 것들이었다. 세상을 향한 호기심이 풍선처럼 부풀어 올랐다.

그렇게 나는 책을 집었다. 읽으면 읽을수록 몰랐던 세계를 발견하게 되었고, 세상에 대한 궁금증은 더욱 커졌다. 내가 살던 세상은 그대로인데, 나의 시야가 넓어지자 새로운 세상의 문을 연 기분이었다. 그렇다고 해서 지금 인문학이나 세계사의 척척박사가 되었느냐 하면 그것도 아니다. 아직도 개미 콧구멍에 붙은 코딱지만큼의 상식을 알아가고 있을 뿐이다. 다만, 꽤 많은 시간이 흐른 지금까지도 나는 세상에 대한 호기심을 유지하고 있다. 수천 년에 걸쳐 인증된 고전을 통해 행복한 삶의 비결을 배울 수 있음에 감사하면서 매일 책을 읽는다. 여유가 있을 때는 여행을 떠난다. 집·회사·번화가만 있던 내 삶이 아주 재미있어졌다. 삶의 목적지도 달라졌다.

아주 근본적으로 따지자면, 독서 이전에 여행이 내 삶의 방향을 바꿨다. 나는 여행도 무척 좋아한다. 이 세상은 고전과도 같다. 인생이 곧 여행이며, 우리는 모두 여행자다. 여행 중 생각지도 않았던 장소에서 생각지도 않았던 사람을 만나 깨달음을 얻기도 하고, 기대와 다른 현실에 실망하기도 한다. 또, 일이 꼬여 뜻밖의 문제를 해결하며 몰랐던 내 능력을 발견하는 날도 있다. 그러다 문득 일상에서 깨닫지 못했던 '나 자신'을 발견하기도 하고, 새로운 것에 호기심을 갖게 되기도 한다. 일상에서 우리는 안전함을 느끼지만, 전혀 새로운 장소에서 만난 새로운 경험은 삶을 조금 더 풍성하게 하고 재미있게 만든다.

우리는 모두 지구에 잠깐 머물다 떠나는 여행자다. 당신은 어떤 여행을 하고 계시는지 궁금하다. 지구에서의 남은 여정이 모두 의미 있는 날들이기를 바란다.

5

금쪽이들의 아지트

나는 대한민국 보건교사다. 간호학과를 나와 3차 병원에서 근무하다가 보건교사가 되었다. 교직 이수, 교생실습도 했고, 임용시험을 통과해 신규 교사 연수도 받았다. 하지만 첫 발령을 받은 나는 교사이기 전에 여전히 간호사의 정체성이 짙은 상태였다.

첫 발령지는 당혹스럽게도 남자공업고등학교였다. 남학생들은 30도 넘는 뜨거운 여름에도 티셔츠가 젖을 만큼 땀을 흘리며 축구했고, 계단도 무려 3칸씩 뛰어올라 다녔다. 매점 앞에서는 세렝게티 국립공원의 맹수들이 따로 없었다. 맹수들이 쟁취한 햄버거는 10초 만에 자취를 감췄다. 10대 남자아이들의 식도 반경은 도대체 몇 센티미터길래 저렇게 음식을 씹지 않고 삼킬 수 있는 것일까. 여고를 거쳐 여대에 가까운 성비를 가진 간호학과를 졸업한 나에게 남자고등학교는 알 수 없는 것들로 가득 찬 곳이었다.

"선생님, 저 머리가 너무 아파서 한 시간 쉬고 싶어요." 하루에도

100번씩 듣는 말이다. 운동장을 거침없이 뛰어다니던 아이들은 수업 시작종만 울리면 이두근이 아팠다가 삼두근이 아팠다가 손톱 거스러미까지 떼어달라고 보건실로 모여든다. 하지만 나는 그저 3차 병원 간호사의 정체성을 가진 냉혹한 팩트 감별사일 뿐이었다. 현재 불편함을 느끼는 증상, 기저질환, 바이탈 사인을 확인하고 몸에 큰 이상이 없다고 생각되면, Chat GPT도 울고 갈 만큼 정형화된 목소리 톤으로 학생을 정면으로 응시하고 말했다. "꾀병이야, 교실로 올라가!" 남자 공고에서 4~5개의 보건실 침대는 늘 만석이기에 나름 냉혹한 판단력이 필요했다.

학교폭력 사건을 대할 때도 팩트 감별은 계속되었다. "A가 B를 복부 타격 1회, 두부 타격 1회 했습니다. 보건실에 처음 들어왔을 때 B의 얼굴에 깊은 상처가 있었습니다. 오른손에 반지를 끼고 얼굴을 때렸더라고요. 눈이라도 맞았다면 더 큰 일이 있었을 겁니다. 명확히 A가 일방적인 가해자입니다." 마치 판사 봉이라도 든 것처럼 내 눈으로 본 것만 믿고 그에 따라 의견을 냈다.

어느 날 학교폭력 사건의 피신고자인 A가 머리가 아프다고 찾아왔다. 신체 사정 결과 몸이 아프지 않은 것은 확실했으나, 촉촉한 눈가를 보고 나도 모르게 "오늘은 그냥 속아주겠다."라며 침대 하나를 내주었다. 얼마 후 커튼 뒤에서 흐느끼는 울음소리가 들렸다. 사정은 이

랬다.

A의 어머니는 외국인이었다. 학교폭력 사건의 신고자인 B가 "너희 엄마 외노자" 등 입에 담기 힘든 비하 발언을 몇 달 동안 반복적으로 해왔다는 것이다. 학교폭력으로 신고하고 싶었지만, 이 일을 어머니가 알게 되면 상처받을 것이 두려워서 참았다고 한다. 그러나 사건이 있던 그날은 결국 참지 못해 주먹을 날렸다. 주먹을 맞은 B가 "이거 학교폭력이야! 너 엄마 데려와!"라고 소리 질렀을 때 A는 아차 싶었다고 했다. 그리고 학생안전부에서 사건 경위서를 기록하다가 눈물이 터져버렸다고. 이 사건 경위서를 어머니가 읽으실 생각을 하니 가슴이 너무 아프고, 그 순간을 참지 못한 자신이 너무 원망스럽다고 했다. 아이의 이야기를 듣는 순간, 나 역시 얼굴이 화끈거렸다. 사건의 막전 막후도 제대로 파악하지 않고 결과만 놓고 판사 봉을 휘두르듯 A를 일방적인 가해자로 몰아넣었으니 말이다.

지금 생각하면 그때 나는 교과서를 막 읽고 나온, 세상사는 전혀 모르는 어린 청년일 뿐이었다. 물론 앞뒤 막론하고 폭력은 좋지 않다. 그러나 학교에서 아이들과 함께하는 시간이 많아지면서 세상은 칼로 두부를 자르듯 흑과 백으로 나눌 수 없다는 것을, 사실 기반 팩트 뒤에 더 많은 이야기가 숨어있다는 것을 배우게 되었다.

이제 나는 보건실을 '몸이 아픈 곳을 치료하는 곳'으로 정의하지 않는다. 나의 보건실은 금쪽이들의 아지트가 되었다. 물론 여전히 응급 처치가 필요한 학생들이 보건실을 찾아온다. 커터 칼로 자비 없이 그어버린 손목이나 허벅지의 자해 상처를 드러내거나 갑작스레 공황장애 증상이 나타나 문이 부서질 정도로, 우당탕퉁탕 급하게 보건실로 뛰어 들어와 내 얼굴을 바라보고, 그제야 바닥에 엎드려 가쁜 숨을 몰아쉬는 아이들도 있다.

하지만 더 일상적으로는 180cm가 넘는 세상 부러울 것 없이 잘생기고 당당하던 남학생이 여자 친구와 싸웠다고 울면서 오기도 하고, 중간고사 수학 시험 1개 틀렸다고 와서 흐느끼는 여자아이도 있으며, 전학 와서 새로운 친구를 사귀기가 힘들다고 하소연하는 등 사소한 고민을 가진 아이들이 더 많이 찾아온다. 아니, 아예 대놓고 수업 시간에 졸려서 잠깐 내려왔다고 말하는 녀석들도 있다.

예전 같으면 전부 공부하기 싫어 교실 밖을 뛰쳐나온 꾀병 카테고리에 분류되던 아이들이다. 하지만 이제 나는 그 친구들을 금쪽이라고 부른다. 물론 신체적 질환이나 외상 처치가 우선이지만, 아픈 아이들 처치에 지장을 받지 않을 정도로는 금쪽이들이 원 없이 보건실에 머무를 수 있게 하는 편이다. 금쪽이들이 학교 밖으로 뛰쳐나가지 않고, 차라리 보건실 문을 열고 들어와 주어서 고맙다고 생각하며 지낸다.

보건실 문을 열고 들어오는 아이들은 다친, 또는 지친, 당황한, 상처받은 영혼들이다. 넘어져 살이 찢겨 오는 아이도 있지만, 세상의 날카로운 모서리에 마음을 다친 아이들도 많다. 특히 경쟁이 치열한 고등학교 교실 안에서 아이들은 더 쉽게 상처받는다. 나는 그 아이들을 소독하고, 상처가 아물도록 돕는다. 한껏 연약해진 몸과 마음에 작은 위안이라도 되기를 바라면서.

상처받지 않는 삶은 없다. 누구나 살면서 몇 번쯤은 세상의 날카로운 모서리에 상처를 입는다. 중요한 것은, 그 상처를 스스로 치유할 수 있는 능력이다. 크고 작은 다양한 역경과 시련과 실패를 도약의 발판으로 삼아 더 높이 뛰어오를 힘.

고등학생 아이들은 조만간 거친 세상으로 나갈 것이다. 내가 처음 세상에 나갔을 때 막막했던 것처럼, 그들도 많이 당황하겠지. 거친 세상으로 나가기 전에 아이들이 단단한 내면을 가지기를 응원하면서 나는 오늘도 보건실에 앉아 금쪽이들의 이야기를 들어주고 웃어준다. 아이들은 여러 가지 이야기를 쏟아놓다가 문득 고개를 들어 "선생님, 들어주셔서 감사해요!"라고 말한다. 몸이 아플 때도 찾아오지만, 마음이 아플 때도 언제든 가볍게 들러 가벼운 위로를 받아 가는 곳. 내가 앉아 있는 보건실이 바로 우리 동네 금쪽이들의 아지트다.

6

함께 걷는 길,
제자에서 동료로

영호는 유도 특기생이었다. 공업고등학교로 진학한 것은 체대 입시를 위한 내신등급을 따기에 수월하고 집과 가까웠기 때문이었다. 성실한 친구였다. 보건실에 들어올 때면 문을 열자마자 90도로 인사를 하고 공손한 존댓말로 처치를 부탁하곤 했다. "선생님, 선생님! 저 먼저 해주세요! 아 빨리빨리 여기 치료해 주세요!" 하고 발을 동동 구르며 큰소리로 채근하는 녀석들과는 한 끗이 달랐다. 어떤 대회에 나가서 어느 정도 성과를 내야 하는지, 내신등급은 어느 정도로 관리해야 원하는 대학에 갈 수 있는지, 체대 졸업 후 어떻게 선수 생활을 할지, 그 후 은퇴하면 어떻게 생계를 꾸릴 것인지 등 미래에 대한 계획이 촘촘하게 짜여 있는 아이였다. 그 계획을 따라 영호는 열심히 운동했고 가끔 대회에서 수상하면 자랑스러운 얼굴로 보건실에 찾아와 기쁜 소식을 들려주던 녀석이다.

3월 개학일, 보건실 문을 열고 들어오는 영호의 표정이 심상치 않았다.

"영호야, 굿모닝~ 방학 잘 보냈어?"

"선생님, 저 유도 그만두게 되었어요."

얼마간 정적이 흘렀다. 우리는 어색하게 서로 바라보기만 했다. 무슨 말을 해주어야 할지 가늠이 되지 않았다. 어깨가 딱 벌어진 멋진 영호는 10살도 되기 전에 운동을 시작했고, 미래에 대한 계획이 나노미터 단위로 세워져 있는 아이였다. 문제는 그 계획이 모두 '운동'을 했을 때 유효한 계획이라는 것이었다. 영호는 말 그대로 멘붕 상태였다. 1년 전 입은 허리부상으로 병원을 꾸준히 다니고 있었고, 보건실도 자주 찾아왔다. 의사가 쉬어야 한다고 여러 번 경고했지만, 영호는 대회 수상 성적을 놓치기 싫어 자꾸만 욕심을 냈다. 아파도 아프다는 말을 숨겼다. 하지만 이제 통증을 숨길 수 있는 단계를 지나버린 것 같았다. 의사는 더 이상 무리한 운동을 하면 일상생활도 힘들 수 있다고 경고했다고 한다. 나는 줄 것이 없어 찬물을 한 컵 건넸다. 영호는 찬물을 한 모금 마시더니, 내 앞에서 오열했다. 자존심이 센 아이였다. 나도 함께 울었다.

얼마 뒤, 영호가 다시 보건실로 찾아왔다. 진로에 대해 고민이 많았다. 공업고등학교인 만큼 이제라도 선반, 밀링머신, 드릴링머신 등 자동화 기계를 다루는 기술을 배워볼까, 생각했지만 자신은 기계에는 영 관심이 가지 않는다고 했다.

"운동 말고 생각해 본 다른 장래 희망이 있니?"

"없죠. 전혀요."

"쉴 땐 어떤 걸 보니? TV나 책 같은 거 말이야. 그냥 네가 좋아하는 게 있을 거 아냐."

"쉴 때도 운동 영상 보죠. 이번에 아팠을 땐 허리통증 관련 책도 많이 봤어요."

"너 보건동아리 들어올래?"

"보건동아리요? 거기 가면 뭐해요?"

"보건의료 계열 진로 진학을 희망하는 친구들 모아서 보건동아리를 만들어 보려고 해. 네가 운동하면서 다치기도 많이 다쳐봤고, 그럴 때마다 통증 조절도 많이 해봤잖아. 스포츠 선수들을 돌보는 스포츠 물리치료사 같은 것도 잘 어울릴 것 같은데."

영호의 눈빛이 조금씩 밝아지는 것 같았다.

공업고등학교라 보건동아리가 없었다. 신규 발령 첫해에는 무작위로 배정된 당구부를 맡아 아이들과 함께 당구를 배우며 재미있게 운영했다. 하지만 첫해가 지나는 동안 방황하는 친구들이 보건실을 자주 찾아왔다. 녀석들은 취업이 잘 된다고 해서 공업고등학교에 진학했지만, 막상 기계를 배워보니 전공에 소질이 없거나, 적성에 맞지 않아 실습 시간에 자꾸만 보건실로 피신하곤 했다. 그 친구들과 이야기 하다가 의료 보건 계열 직업 탐구를 해보면 어떨까? 해서 새 학기에 보건동아리를 신설했다. 그 동아리에 영호도 함께하게 되었다.

기존에 있던 동아리도 아니었고 15년도 전이라 인터넷에서 교사 커뮤니티도 활발하지 않았던 시절, 맨땅에 헤딩하듯 동아리 활동을 시작했다. 아이들에게 보건의료 계열 직업을 가진 분들이 실제로 어떻게 일하고 계시는지 보여주고 싶었다. 퇴근 후나 주말에 무작정 박카스나 비타민 음료를 사 들고 학교 근처 병원, 약국, 안경원 등을 찾아갔다.

"안녕하세요. ○○공업고등학교 보건교사입니다. 우리 학교에 보건의료 계열 직업군을 희망하는 친구들과 이곳에서 견학하고 싶은데 가능할까요? 일하시는 모습을 잠깐 보고, 어떤 일을 하고 계시는지 아이들에게 짧게만 설명해 주시면 정말 감사하겠습니다! 우리 아이들이 교실에만 있던 녀석들이라 실제로 일하시는 모습을 보여드리고 싶어요! 아이들이 진로를 결정하는 데 정말 큰 도움이 될 겁니다! 부탁드립니다!"

나름 동네에서 인식이 좋은 학교기에 생각보다 많은 분들이 협조해 주셨다. 학교 앞 대형 안경원에서는 안경사님께 안경광학과에 대한 설명을 듣기도 하고, 치기공사님들께서 기공물을 만드시는 작업실에 찾아가 작업 현장도 체험하고 치기공학에 대해 배우기도 했다. 약국에서 약사님을 만나고, 치과에서 치과의사와 치위생사가 하는 일에 대해 배웠다. 점점 용기가 생긴 나는 3차 병원 원무과나 간호과에 전화해 정중하게 견학을 요청하기도 했다. 인천 백병원 간호과에서 이를 허락해 주셔서 병동, 물리치료실, 영상검사실, 건강검진실, 약제실, 임상병리실 등 병원 전체를 견학시켜 주셨고, 각 실의 의료인과 가벼운 인터뷰 시간까지 마련해 주셨다. 정말 정말 감사했다.(코로나 이후로 불가피하게 견학 활동은 할 수 없게 되었다.) 많은 분의 도움 덕분에 아이들은 시간이 흐를수록 의료 보건 계열에 대한 이해와 흥미가 높아졌고 동아리 활동에 임하는 자세도 달라졌다. 아이들은 적극적으로 입시전형을 알아보기 시작했고 성적관리도 신경을 쓰게 되었다.

나 역시 아이들의 변화에 신이 나서 의사, 간호사, 약사, 물리치료사, 사회복지사 등 동원할 수 있는 인맥을 모두 동원해 의료인들을 학교로 초청하여 진로 강의를 시행했다. 예산이 없어 강사비도 못 드렸다. 의료인의 하루 수당을 생각하면 말도 안 되는 대우였지만 감사하게도 그저 선의로 학교를 방문해 주셨다. 심폐소생술 대회에 나가거나 대한적십자사 서포터즈 활동, 지역 사회 축제 보건의료 부스 운영 등 외부 활동을 통해 아이들이 풍성한 경험을 할 수 있도록 노력했다. 우리 동아리에서는 매년 꾸준히 의료 보건 계열 대학으로 진학하는 친구들이 나왔다. 대학 진학하는 친구들이 합격증을 가지고 보건실로 찾아오면 우리는 함께 울고 웃었다. 그렇게 16년째 보건동아리를 운영하고 있다.

몇 년 전, 학교에서 학생 골절 사고가 발생해 구급차를 타고 인하대병원 응급실에 내원한 적이 있다. 학생 부모님이 오실 때까지 내가 보호자 역할을 맡아 접수 후 의료진들에게 다치게 된 경위를 설명하고 있었다. "선생님?" 뒤에서 나를 부르는 소리에 뒤를 돌아보니, 영호가 아닌가! 대학생이 된 후 매년 명절마다 안부 문자를 보내오긴 했지만, 고등학교 졸업 후 얼굴을 본 적은 없었다. 그런데 3차 병원 응급실에서 영호를 만난 것이다.

"영호야! 너 여기서 뭐 해?"

영호는 하얀 가운을 입고 서 있었다. 응급구조사 조영호. 가슴팍에 새겨진 명찰을 보니 눈물이 핑 돌았다.

"야, 너 멋있다."

우리는 며칠 뒤 사석에서 만나 오랜 회포를 풀었다. 선생님과 제자가 아니라, 의료인 동료로.

엊그제 지역 사회 간호학 과제로 지역 사회에서 근무 중인 간호사를 인터뷰해야 한다며 졸업한 제자가 보건실로 찾아왔다. "제가 아는 가장 멋있는 지역 사회 간호사는 선생님이세요!"라며 반가운 인사를 건넸다. 한 시간가량 인터뷰를 한 제자는 내게 마지막 질문을 던졌다.

"바쁘신데, 인터뷰에 응해주셔서 정말 감사합니다! 마지막으로, 보건교사가 되어서 가장 뿌듯했던 순간은 언제인가요?"

"이런 날이야."

"네?"

"졸업한 제자가 나를 멋있는 사람으로 기억해 줄 때. 혹은 그 사람의 인생에 내가 티끌만큼이라도 선한 영향을 주었다는 사실을 그 사람 입을 통해 들었을 때 가장 뿌듯하지. 나는 아직도 성장 중인 누군가일 뿐인데. 이런 내가 너희들에게 잠시라도 어른이었다면, 나는 꽤 오랫동안 뿌듯할 것 같아. 그리고 동료로 만나 함께 일하게 된다면, 그건 정말 영광이지."

인터뷰를 마치고 영호에게 문자를 남겼다. "영호야, 오늘 하루 잘 보내길!" 더 긴 문장도 필요 없었다. 아이들을 응원하면서 내가 되레 힘이 난다.

7

실패와 포기를 거듭하는 자

어렸을 때부터 몸을 자유자재로 사용하는 사람들을 동경해 왔다. 김연아나 박태환이 인간의 몸으로 태어나 발휘하는 능력들을 보면서 루브르 박물관에 걸린 모나리자를 볼 때보다 더한 감동을 하곤 했다. 그 동경의 증거로, 나는 체대 출신 남성과 결혼했다.

하지만 불행하게도 나는 타고난 몸치다. 신이 나를 창조하실 때 운동신경 한 스푼을 깜빡하고 안 넣으신 게 분명하다. 노력하면 안 되는 일은 없다고? 흥. 그 말은 어느 정도 재능을 타고난 사람이 노력을 통해 성과를 이루었을 때나 하는 말이다. 나는 사지를 자유롭게 움직이는 사람으로 거듭나기 위해 많은 도전을 해왔다. 노력하면 어느 정도 흉내는 낼 수 있었지만, 타고난 사람들의 가벼운 몸놀림보다 나아지기란 쉽지 않았다.

어릴 때부터 체육 시간은 고역이었다.

"양지은! 걷지 말고 뛰어! 최선을 다하란 말이야!"

선생님은 믿지 않으셨지만, 나는 최선을 다해 뛰고 있었다.

공으로 하는 모든 종목에서도 뒤처졌다. 공이 내 눈앞에 오는 것을 보고 팔을 뻗었지만, 시각과 운동신경의 협응 속도는 몹시 느렸다. 내가 팔을 뻗었을 때 공은 이미 나를 지나친 후였다. 40년간 늘 그랬다. 체육 시간에 잘하는 것이라곤 그저 넋 놓고 뛰기만 하면 되는 오래달리기였다.

중학교 때는 롤러스케이트장에 엄청난 돈을 쏟아부었지만, 나는 친구들처럼 옆으로도, 뒤로도 타지 못했다. 허우적거리면서 겨우 앞으로만 갔다. 자전거도 겨우 앞으로만 간다. 20년째 자전거를 타고 있지만 앞에 장애물이 나타나면 여전히 긴장한다. 수영은 그럭저럭 따라갈 만했지만 너무나도 쫀쫀한 수영복을 입는 것도 힘들었고, 수모를 쓰면 너무나 못생겨지는 내 얼굴도 싫었다. 저녁 직장인반이라 수업 시간에는 늘 사람들이 붐볐다. 조금만 속도를 내면 앞 사람 발바닥에 머리를 부딪쳤고, 조금만 속도를 늦추면 내 발바닥에 뒷사람 정수리가 닿았다. 게다가 수영을 마치면 뒤 타임 사람들에 밀려 급히 샤워하다 보니 수경이나 수모, 이너브라 등을 매번 샤워실에 두고 오는 일이 잦았다. 다시 돌아가서 찾아오는 일이 너무나 번거로웠다. 수영을 다녀오면 늘 뭔가 쫓기는 기분이 들어 집에 도착하면 안도의 한숨이 나올 정도였다. 스케이트보드는 타다가 다리가 댕강 부러져 3개월 넘게 기어다녀야 했다.

결혼 후 신랑을 따라 배드민턴을 배웠다. 신랑은 밥 먹고 배드민턴만 치던 체육인이다. 배드민턴은 호흡이 어찌나 빠른지 관중석에 앉아 눈으로만 셔틀콕을 쫓아도 피로했다. 무려 1년을 배웠지만 실력은 나아지지 않았다. 게임을 칠 수 없을 만큼의 실력이라 구석에서 빈 스윙만 열심히 했다. 신랑은 "이르케 이르케" 치라고 나를 가르쳤다. 나는 "이르케 이르케" 치는 시늉을 했지만 "그르케 말고 이르케" 하라고 다그쳤다. 하아. "이르케 이르케" 한 거야!! 악!! 내가 스트레스 풀겠다고 시간 쪼개어 체육관에 와서 왜 주눅 들어 있어야 하는지 알 수 없어 그만두었다. 신랑은 "노력해서 안 되는 건 없다. 너는 의지가 없다."며 나를 자극했지만, 노력해도 안 되는 게 있다는 걸 재능을 타고난 네가 알 턱이 없었다. "그래, 그래, 난 의지가 약한 여자야." 하고 라켓을 던져버렸다. 세상 후련했다. 정말 잘 치고 싶었지만 배드민턴 라켓을 드는 순간처럼 자존감이 낮아지는 일은 세상 어디에도 없었다.

남편은 사람들과 어울려 함께하는 스포츠를 나와 함께 하고 싶어 했다. 그는 다정하게도 포기하지 않고 여러 종류의 운동을 내게 권했지만, 매번 결과는 그리 좋지 않았다. 당구. 팔다리가 짧아 몇 달 배우다가 말았다. 테니스. 라켓이 너무 무거워서 팔목이 '뽀사질' 것 같아서 몇 달 배우다가 포기. 골프. 똑딱이만 하다가 복장 터져서 포기. 탁구. 공을 적당히 주고받고 정도는 하지만 상대가 공에 조금이라도 회전을 넣어 넘기면 리시브가 전혀 안 돼서 포기.

　출산 후 골반통이 심했다. 물리치료와 도수치료를 받았지만 나아지지 않았다. 재활의학과에서 필라테스를 권했다. 출산 후 '코어근육'으로 불리는 복부와 골반저근이 약해져 자세가 흐트러지고 골반통이 생긴 것 같으니 심부 근육 강화에 탁월한 필라테스를 해보라고 했다. 당시엔 필라테스가 지금만큼 대중화되지 않았을 때였다. 의사는 필라테스는 1차대전 때 다친 병사들을 위한 재활 운동에서 시작해 발전한 장르의 운동이니 몸을 치료하고, 약해진 근육을 단련하는 데 좋을 거라고 했다.

　필라테스는 뭔가 기묘한 운동이었다. 레슨 첫 주에는 자세와 호흡만 배웠다. 한 시간에 몇만 원을 지불했는데 숨 쉬는 방법만 가르쳐주니 이 강사가 뭐 하는 사람인가 싶었다. 그리고 지금까지 순발력이 필요한 운동만 접해왔는데 필라테스는 느리고 통제된 움직임이 중요했다. 겉으로는 동작이 단순해 보이지만, 실제로는 엄청난 집중력이 필요했고 근육을 미세하게 조절해야 했다. 정적인데, 엄청나게 힘들었다. 고문 도구처럼 생긴 운동기구 위에 올라가 10cm 정도 발을 들었다 내리기를 몇 번만 해도 땀이 비 오듯 흘렀다. 대신 나의 근육 하나하나를 사용하는 것이 느껴지는 운동이기도 했다. 뭔가 기묘하긴 했지만, 시간이 갈수록 골반통은 드라마틱하게 개선되었다. 실력 좋은 도수치료사를 몇 번을 만나도 전혀 개선되지 않던 통증이었다. 자세도 좋아졌고 일상생활에서 더 효율적으로 몸을 사용할 줄 알게 되었다. 드디어 평생 내가 즐겁게 할 수 있는 운동을 찾았다.

필라테스를 꾸준히 배우고 싶었지만, 문제는 레슨비였다. 그래서 몇 달 치 레슨비를 모아 그 돈으로 필라테스 강사 자격증을 취득해 버렸다. 원리를 알면 레슨을 받지 않아도 혼자서도 평생 운동할 수 있을 거라는 생각이었다. 강사 자격증 시험장에는 늘씬한 20대 여성들이 많았지만 내가 좋아하는 운동이라 그런지 전혀 주눅 들거나 스트레스를 받지 않고 시험을 치렀다. 지금은 딸들과 함께 집에서 운동하고 있다. 잘하고 못하고를 떠나, 필라테스를 하는 동안 근육 하나하나의 움직임을 느끼는 순간이 행복하다.

이제는 누군가와 어울리기 위한 운동을 배우기 위해 애쓰지 않는다. 숱한 시간과 돈, 노력을 쏟은 결과, 마흔쯤 되니 내가 무엇을 좋아하는지 알게 되었다. 나는 움직이는 동안 내 몸이 완전히 내 것이라는 감각이 드는 운동, 내 몸을 안전하고 편안하게 의지대로 움직일 수 있는 운동을 선호한다. 필라테스, 요가, 달리기, 수영이 그렇다.

신랑은 순발력을 요구하는 운동이나 경쟁 스포츠를 좋아한다. 사람들과 어울려 운동할 때 스트레스가 풀리고 행복함을 느낀다고 한다. 하지만 나는 싫다. 못하기 때문이다. 스포츠계의 경쟁심이나 성과에 대한 부담은 사무실에서 업무를 할 때보다 심하게 나를 압박한다. 게다가 내가 못 하면 같이 게임을 하는 사람까지 지루해지기 때문에 '죄송해요!'를 백 번쯤 해야 하는 것도 싫다.

이제 우리는 서로의 다름을 인정하고 각자 좋아하는 운동을 따로 즐기고 있다. 나는 나에게 맞는 운동을 스스로 신중하게 고르고 매일 성실하게 해낸다. 학교에서 근골격계 불균형으로 고생하는 아이들에게 좋은 스트레칭과 운동을 교육하기도 한다. 이 모든 과정에서 즐거움을 느끼고 만족스럽다. 끊임없는 도전의 결과로 운동을 잘하게 된 것은 아니지만, 내가 무엇을 좋아하고, 무엇을 싫어하는지를 명확히 알게 되었다.

그래서 나의 숱한 실패와 포기는 의미가 있다. 여러 번의 실패나 포기가 나쁜 것인가? 여러 번의 실패나 포기에는 여러 번의 도전이 먼저 있었다는 사실을 기억하자. 그것만으로도 아무것도 하지 않은 것보다 훨씬 낫다.

실패는 그 자체로 배움의 기회가 된다. 우리는 실패를 통해 무엇이 잘못되었는지, 문제를 어떻게 개선할 수 있는지를 배울 수 있다. 실패는 반드시 극복해야 하는가? 포기해도 된다. 물론 실패를 극복하고자 끝까지 도전하고 노력하는 자세는 존경받아야 마땅하지만, 상황에 따라 깔끔하게 포기하고 새로운 목표를 세우는 것도 성공 전략이 될 수 있다. 빠른 태세 전환은 21세기에 갖추어야 할 좋은 덕목이다.

지금의 나는 다수가 즐기는 것에 나를 맞추고 싶어 다수의 취향에 나를 욱여넣던 젊은 날의 나보다 훨씬 더 편안해 보인다. 나를 발견하고 나인 채로 사는 것. 그러기가 왜 그토록 어려웠을까?

8

품격 있는 삶의 조건

보건교사가 되고 3월 2일 새 학기에 첫 출근을 했다. 인천시 교육공무원의 월급날은 매월 17일이다. 출근한 지 보름 만에 받는 월급이라 더욱 기분이 좋았다. 그런데 맙소사! 콧노래를 부르며 접속한 통장 명세에 몹시 작고 소중한 금액이 수줍게 모습을 드러냈다. 당황했다. 어라? 연금도 떼고 세금도 떼고 차 떼고 포 떼고 받은 실수령액은 병원에서 받던 월급의 딱 절반이었다. 점심시간에 만난 선배 선생님께서 물었다.

"첫 월급날이네. 축하해. 오늘 맛있는 거 먹겠네?"

"선생님, 저 일을 보름밖에 안 해서 그런지 월급이 보름치만 나왔어요."

"껄껄껄. 뭔 소리야? 그게 자네 월급이야!"

"네에에?"

노량진에서 후줄근한 옷을 입고 혼자 컵밥을 먹으며 찌질한 수험생활을 했던 장면들이 주마등처럼 눈앞을 스쳐 지나갔다. 말도 안 돼.

당장 공무원 월급명세표를 대자보로 만들어 노량진 거리에 붙여야 겠다고 생각했다. 노량진에서 열심히 공부 중인 수험생들이 이 최저 시급에 가까운 월급명세표를 본다면 꿈을 바꾸는 자가 꽤 많을 것이다.(요즘은 이미 인터넷에 공무원 월급명세표가 공개되어 있다고 한다. 최근 공무원 응시율이 급감하는 데는 다 이유가 있을 것이다.) 학교 다닐 때 내내 1등급을 받던 사범대 출신 교과 교사들은 이 월급을 받고도 여태 사명감만으로 아이들을 지도하고 있다는 말인가? 월급 인상을 위한 쿠데타는 왜 일어나지 않는가? 나는 왜 이리도 세속적인가? 월급은 월세와 공과금, 학자금 등을 갚고 나면 겨우 기본적인 생활을 할 수 있을 정도만 남았다. 세후 수령액이 최저임금 아르바이트와 비슷했다. 투잡을 뛰어야겠다고 생각했으나 공무원은 겸직금지였다. 그때 알았다. 아, 나는 이대로는 쪽박 찰 일은 없겠으나, 대박 터트릴 일도 없겠구나.

공무원을 직업으로 선택하는 이들은 '이 한 몸 조국과 민족을 위해' 시험을 보는가? 대다수는 안정적인 월급과 연금 때문에 공무원을 직업으로 선택한다. 하지만 직접 받아 본 월급은 안정적이라는 매력을 최대한 반영하더라도 납득하기 힘들 만큼 쥐꼬리만 했다. 설상가상 공무원 연금은 점점 더 내고 덜 받는 쪽으로 변하고 있다.

이런 말을 하면 교사가 사명감을 가지고 교육에 임해야지 무슨 소

리냐고 하는 사람도 있다. 나는 그런 말을 하는 사람은 생계를 걱정해
본 적 없는 금수저 출신이거나, 몽상가가 아닌가 생각한다. 돈은 현실
이다. 현실을 외면하면서 할 수 있는 일은 아무것도 없다. 오늘, 내일
밥을 굶으며 꿈을 꾸는 자가 매일 행복하기는 몹시 어려운 일이다.

반대로 돈 이야기는 잘하지만 꿈 이야기는 하지 않는 사람도 있다.
그런 사람들은 뛰어난 감각으로 주식과 부동산을 사고팔며 승진 점수
도 촘촘하게 잘 쌓아 올린다. 이들은 삶의 목표를 물으면 대부분 숫자
로 답한다. "그래서 당신이 만들어 내는 가치가 무엇인가요?" 물으면
무슨 뚱딴지같은 소리냐는 듯한 표정을 짓는다. 그들이 잘못되었다는
것은 아니지만 어쩐지 그들의 삶은 공허해 보인다. 뭐, 내 기준에서
그렇다.

꿈을 꾸면서 돈에도 민감하면 안 될까? 나는 학생들에게도 생각만
해도 두근거리는 일을 하되, 남에게 민폐 끼치는 일이 없도록 스스로
생계를 유지할 수 있는 만큼은 돈을 벌어야 한다고 말한다. 꿈을 좇느
라 자기 밥값도 벌지 못하는 삶은 품격 있는 삶이라고 하기 어렵다.
가난은 생각보다 인생을 몹시 피로하게 한다. 가난할 때 고난을 마주
치면 작은 사건도 쉽게 해결되지 않고 복구도 힘들다.

가장 이상적인 것은 좋아하는 일을 직업으로 삼아 그것을 남들만큼
만 잘하고, 그 일로 밥을 먹고 사는 것이다. 돈 때문에, 부모님이 시켜
서, 사회의 평판 때문에 즐겁지 않은 일을 직업으로 선택한다면 인생
의 많은 날이 행복하지 않을 확률이 높다. 아니, 꼭 즐겁지 않더라도
최소한 괴롭지 않은 일을 하면 좋겠다. 잘하는 일이 아니더라도, 대가
가 적어도 열정을 쏟을 만큼 좋아하는 일을 한다면 행복할 수 있다고
믿는다. 어떤 일이든 경쟁을 피할 수는 없겠지만 즐기면서 경쟁에 임
한다면 이겨도, 이기지 못해도 행복할 수 있지 않을까? 능력을 타고
난 자들보다 빨리 뛸 수는 없겠지만 오래 뛸 수는 있을 것이다.

나는 보건교사라는 직업이 좋다. 일하는 동안 행복하여서, 쥐꼬리
만 한 월급을 받았다고 직업을 바꿔야겠다는 생각은 해본 적이 없다.
대신, 당장 재테크 책을 한 권 샀다. 읽어도 무슨 말인지 당최 감이 잡
히질 않고, 의욕만 부풀어 올랐다. 영업사원의 말에 홀려 여러 금융상
품에 가입했다. 급매로 나왔다는 입지 좋은 오피스텔도 하나 덜컥 샀
다. 월세를 받겠다는 생각으로 대출 원금과 이자는 어떻게 갚을지까

지는 생각도 하지 않았다. 그저 싸게 사면 좋은 건 줄 알았다. 지자체에서 홍보하는 개발 호재를 믿고 허허벌판에 지어지는 아파트까지 사들였다. 20대 중반에 엄청난 계약을 줄줄이 한 후에 정신을 차려보니, 월급을 받았는데도 치킨 한 마리 시켜 먹을 돈이 없는 상태임을 깨달았다. 그런 내 주머니 사정을 아는지 모르는지 지자체에서 약속했던 부동산 개발 호재는 한없이 미뤄져 내가 산 아파트값은 반값이 되고 말았다. 주식에도 손을 댔다. 초반에 운 좋게 돈을 벌자, 자만심에 투자 금액은 점점 커졌고, 벌었던 만큼 다시 잃었다. 뭔가 잘못돼도 단단히 잘못된 무식하고 성급한 투자였다.

젊은 날의 실패는 그나마 투자금이 적어 중년의 실패만큼 쓰라리지는 않다. 이를 반면교사로 삼아 더 열심히 공부하고 도전해 보았으면 좋았겠지만, 나는 낙심한 채 결혼했고 아기를 낳았다. 정신을 쏙 빼놓는 두 아이 육아로 약 10년간 재테크에 관심을 끊고 성실하게 아파트 투자금을 갚는 것에만 집중했다. 나의 아파트값은 반토막에서 겨우 원가로 회복했다. 나는 그저 빚을 다 갚아간다는 것에 기쁨을 느꼈다. 그런데 정신을 차리고 보니 10년 전에 입지가 좋다고 생각했던 타지역의 부동산은 당시 가격의 3배 이상으로 상승해 있었다.

다시 재테크에 관심이 갔다. 재테크는 불로소득이라며 좋지 않게 보는 시선도 있다. 나는 그렇게 생각하지 않는다. 주식, 부동산 등 재테크는 단순히 돈을 넣어둔다고 해서 자동으로 수익이 발생하는 것이 아니다. 투자자는 자신의 자본을 잃을 리스크를 감수하고 끊임없이 시장을 분석하고 정보를 수집하며 재무 관리를 해야 한다. 자본을 투자한 뒤에도 끊임없이 관리해야 한다. 즉, 재테크 수익은 공짜 돈이 아니다. 하지만 내 20대의 투자는 공부와 분석 없이 단기적인 가격 변동에만 초점을 맞춘 투기에 가까웠다. 뭔가 조치가 필요했다.

먼저 재무 설계사를 만났다. 재무 목표를 설정하고, 지난 3년간의 월급명세서를 분석했다. 그동안 월급은 일정 비율 저축 및 대출 상환을 해왔으나 명절휴가비와 성과금 등은 보너스라고 생각하고 쉽게 지출했다. 재무 설계사는 월급에 명절휴가비, 성과금 등이 더해진 연봉을 12로 나누어 월급을 재계산했다. 나는 실망 가득했던 실수령액보다는 사실 더 많은 돈을 받고 있었다는 것을 깨달았다. 새로 계산한 월급으로 저축 및 투자전략을 다시 수립했다. 수년 전에 영업사원에게 홀려 가입했던 금융상품들은 손해를 보면서 해지했다. 절세 전략을 배우고, 앞으로 재정 관리를 어떻게 해야 하는지를 배웠다.

이제 나는 재테크로 일확천금을 노리지 않는다. 본업보다 재테크에 더 많은 시간을 할애하지도 않는다. 다만 내 작고 소중한 월급은 17년째 그대로라서 인플레이션에 대응할 필요는 있다. 그래서 계속 돈에 관심을 두고 공부하고 있다.

투자에서 가장 중요한 것은 지출을 줄이는 것이다. 10년간 빚을 갚느라 강제 절약 생활을 하다 보니 절약 습관을 갖추는 것은 어렵지 않았다. 우리 부부는 각자 운용하던 월급을 하나의 통장으로 모으고, 수입과 지출, 저축 현황을 공유하며 불필요한 지출을 줄였다. 주식과 부동산 투자도 무작정 뛰어들기보다 먼저 공부를 한다. 신중하게 리스크를 분석하고, 나의 자산 상황에서 무리하지 않는 선에서 투자하고 관리하려고 노력한다. 부동산 투자를 위한 법적, 제도적 규제를 전혀 몰라서 공부하다 보니 공인중개사 자격증까지 취득하게 되었다. 이제는 얼추 시세 파악이 가능하고 정부 규제를 이해한다. 세상이 조금 더 넓게 보이고 재미있어졌다.

나는 멋있는 노인이 되고 싶다. 그러려면 건강해야 하고 인격도 품위 있어야 하겠지만, 분명히 돈 생각도 해야 한다. 그래서 나는 요즘 재테크 공부를 하고 있다. 늙었을 때 자식이든 친구든 타인에게 의존하지 않고 나의 힘으로 삶을 꾸려나갈 수 있을 정도로는 노후 대비를 하기 위함이다. 품격 있는 삶을 위해 돈 이야기는 불가피하다. 우리 사명감 이야기만 하지 말고 다 같이 돈 얘기도 하고, 꿈 얘기도 하자.

9

어떻게 살 것인가?

프란츠 카프카는 "책은 한 사람의 인생을 변화시키는 도끼다."라고 말했다. 내세울 만한 재력도, 인맥도, 능력도 타고나지 않은 나는 인생의 변화를 기대하며 책을 읽는다. 중요한 결정을 해야 할 때나 너무 슬퍼서 내 감정을 내가 제어할 수 없을 때, 나는 친구들을 만나 술을 마시기 전에 책을 먼저 펼친다. 물론 너무 기쁜 날에는 다 덮어놓고 무조건 치맥이지만 말이다. 일이 풀리지 않을 때 친구들 앞에서 울더라도, 대책 없이 드러눕기보다 책 속의 인생 솔루션이라도 찾아보고 징징대고 싶다. 물론 책을 읽다 나가도 친구를 만나면 금세 눈물 콧물 흘리게 되는 건 별반 다르지 않지만….

많은 양서를 읽고 만들어진 나의 가치관과 철학들이 인생의 수많은 선택의 갈림길에서 결정을 도왔을 것이다. 누군가 "최근에 가장 큰 영향을 받은 책이 무엇인가요?"라고 묻는다면, 나는 안예진 작가의 『독서의 기록』을 꺼내 들 것이다.

최근, 나는 매너리즘에 시달리고 있었다. 매년 반복되는 일상과 업무가 지루하게 느껴졌다. 『독서의 기록』의 저자 안예진 작가 역시 번아웃을 겪던 워킹맘이었다. 삶의 변화가 필요하다고 느낀 순간, 그녀는 과감히 육아휴직을 하고 아들과 함께 제주도로 내려갔다. 매일 책을 읽고 숲을 걷고 기록하며 새로운 삶의 방향을 찾은 안예진 작가의 변화를 보며 몹시 설레었다. 혹시 나도 그녀처럼 책 읽기와 글쓰기로 삶을 바꿀 수 있을까? 일단 해보자! 책을 읽은 그날, 바로 도서 블로그를 개설했다. 대학 졸업 후 20년간 SNS를 하지 않았기 때문에 나름 큰 결심이었다.

블로그 개설부터 쉽지 않았다. 뭘 자꾸 인증하고, 블로그 주소와 닉네임을 만들고, 어떤 약관에 수없이 동의하고 클릭하고를 반복하자 온라인상에 내 공간이 생겨났다. 결혼 15년 만에 처음 생긴 '내 방'이었다. 내 마음대로 꾸미고 온전히 내가 주인인 공간이었다.

처음에는 책의 줄거리를 요약하는 것으로 기록을 시작했다. 그러다 점차 작가의 배경이나 철학에 대해 궁금해졌고, 책 속의 메시지에 대해 깊이 생각하는 시간이 늘어갔다. 독서의 범위도 자기계발서에서 고전으로 크게 확장되었고, 동시에 사유의 깊이도 더해졌다. 이전에는 책을 읽으며 여러 가지 생각을 했어도 책을 덮으면 금방 내용을 다 잊어버리곤 했지만, 독서 기록을 시작하면서 책이 내 삶 속으로 스며드는 것을 경험했다. 책의 내용을 나의 경험과 연결하고 그것을 내 삶에 어떻게 적용할지 고민하면서 점차 삶의 태도와 방향이 명확해짐을 느꼈다.

내가 쓰는 글은 단순히 책을 소개하는 서평이 아닌, 책을 통해 얻은 개인적인 깨달음이나 감정을 적은 독서 에세이에 가깝다. 6개월 동안 약 200권의 책을 읽으며 기록을 모으자, 글 안에 내 이야기가 가득 쌓였다. 책을 읽고 글을 쓰느라 밤을 새워도 피곤하기는커녕 오히려 활력이 넘쳤다. 그 어느 때보다 내 마음을 자세히 들여다보게 되었다. 내가 무엇을 좋아하는지, 언제 행복을 느끼는지, 나의 과거와 현재, 그리고 실천했거나 하고 싶은 일, 미래에 되고 싶은 나에 대해 조금 더 알게 되었다. 자기 확신이 생길수록 외부의 평가나 비판에 흔들리지 않고 행복할 수 있게 되었다. 집과 사무실 안에 갇혀 있던 내 자아가 세상 밖으로 나가기 위해 꿈틀거리기 시작했다.

글을 쓰면서 일상도 많이 바뀌었다. 길을 걸을 때 귀에 이어폰을 꽂고 경제 뉴스를 들으며 앞만 보며 걷던 내가, 이어폰을 빼고 새소리, 사람들 발소리, 아이들 웃음소리를 듣고, 두리번거리며 나뭇잎의 색 변화와 나뭇가지의 옹이를 관찰한다. 봄날 아침의 상쾌함과 여름 오후의 싱그러움이 완전히 새롭게 느껴진다. 매일 걷던 출근길이 이렇게 아름다웠던가? 시간에 쫓겨 허둥대지 않게 되면서 사람과 세상에 대한 애정이 더 커졌다. 세상은 그대로인데, 나는 완전히 다른 세상을 살게 된 것 같다.

책을 읽고 글을 쓰는 습관으로 내 인생의 방향이 달라졌고, 나는 분명한 터닝포인트를 맞았다. 읽고 쓰는 삶은 나를 더 잘 알게 하고, 남을 더 사랑할 수 있게 한다. 나는 계속 읽고 성장할 것이다. 그리고 삶 가운데 어려움을 겪는 사람들을 위해 북 큐레이션을 통해 시의적절하게 책으로 위로를 건네고 싶다는 바람도 생겼다. 보건실에서 근무하다 보면 다양한 사연을 가진 삶이 고단한 아이들을 자주 만나게 된다. 내가 해줄 수 있는 것은 그 아이들의 이야기를 조용히 들어주는 것뿐이었다. 하지만 요즘은 책 한 권을 건네주는 날도 있다. 여러 말보다 더 공감되고, 더 지혜로운 방향을 제시해 줄 수 있는 책을 신중하게 골라서 어설픈 위로 대신 책을 건넨다. 그 안에서 스스로 방향을 찾을 수 있게.

학교에서 근무하는 동안은 아이들의 몸과 마음의 건강을 위해 최선을 다하고, 그들의 이야기를 많이 듣고 싶다. 퇴직하면 독립서점을 열어 이웃들에게 위로와 평안함을 나누는 사람이 되고 싶다. 내가 그랬던 것처럼, 그들이 책과 글쓰기를 통해 위로받고 자기 확신을 가질 수 있도록 돕고 싶다. 사람들과 함께 책을 읽고 글을 쓰고 요가도 할 수 있는, 몸과 마음을 돌보는 책방지기가 새로 생긴 꿈이다. 내 책방에 들르는 모든 이에게 힐링을 선물하고 싶다. 분명히 그 안에서 나도 행복할 것이고 그들과 함께 성장하리라 믿는다.

"어떻게 살 것인가?"라는 질문에 나는 아직도 명확한 답을 내리지 못한다. 삶에서 추구해야 할 가치나 우선순위가 뚜렷하지 않다. 꼭 "어떻게 살 것인가?"라는 질문에 단답형으로 명쾌한 답을 내려야만 할까? 인생의 우선순위가 명확히 넘버링 되어 있어야 똑똑한 걸까? 좋아하는 것이 너무 많은 나에게 이런 질문은 "엄마가 좋아? 아빠가 좋아?" 하는 질문처럼 무의미하게 들린다. 인생은 너무나 불규칙하고, 각자의 환경과 재능이 다르다. 인생 자체가 예측불허인데, 우리가 무엇을 예측하고 계획할 수 있단 말인가? 그 어떤 질문과 답으로도 인생이라는 수수께끼에 명쾌한 단답형 답을 줄 수는 없을 것이다.

다만, 인생의 방향은 어느 곳을 향하는지 명확해졌다. '사랑'이다.

나는 나를 사랑하기 위해 여전히 나에게 귀 기울일 것이다. 몸과 마음이 아프지 않도록 잘 먹고 잘 쉬고 잘 자면서 나를 돌보고, 나와 더욱 친해질 것이다. 일 분, 일 초를 음미하면서 매 순간 최선을 다해 즐겁게 살 것이다.

그리고 더 나아가, 나를 넘어 타인을 배려하고 사랑하는 삶을 살 것이다. 우리는 사람과의 관계없이는 결코 행복해질 수 없는 사회적 존재다. 이것은 본능이다. 비록 방 안에 틀어박혀 지내는 히키코모리조차도 책을 읽거나 게임을 통해 결국은 사람과 연결되어 있다. 그것이 인간이다. 우리는 주체적으로 삶을 설계하고 살아가는 독립적인 존재이긴 하지만, 그럼에도 불구하고 세상과 분리될 수 없고 어떻게든 타인과 함께 살아가야 한다. 타인과 관계를 맺고 친절과 사랑 속에 있을 때 진정한 행복을 느낄 수 있다. 결국 나에게도, 타인에게도 최선을 다할 때 비로소 행복해진다.

강남의 아파트나 멋진 자동차, 좋은 직장만으로는 결코 건강한 관계에서 오는 따뜻함과 행복을 채울 수 없다. 우리가 죽으면 우리가 가진 아파트에는 우리를 모르는 누군가가 들어가 살 것이고, 멋진 자동차는 폐기될 것이며, 우리의 직장은 유능한 누군가가 금세 자리를 채울 것이다. 중요한 것은 물질이 아닌 관계다.

그래서 나는 나를 사랑하고, 또 타인을 사랑하는 삶을 선택했다. 우리는 이 광대한 우주 속에서 사유할 수 있는 원소 집합체로서 잠시 지구에 머물렀다는 것만으로도 아주 귀한 존재다. 이 짧은 시간 동안 서로에게 친절과 배려를 나눈다면, 그것이 우리가 다시 우주의 작은 원소로 흩어지기 전에 할 수 있는 가장 의미 있는 일이 아닐까?

제4장

만남

또 다른 나를 찾는 시간

윤희

인생에서 만남은 소중하다.

타인과의 만남도 중요하지만

진정한 나와의 만남이 의미 있는 일이다.

길목마다 만났던 사람들은

또 다른 나를 만나게 하는 문이 되었다.

문을 열고 나가는 세상에는 또 다른 내가 있었다.

나이팅게일의 후예가 되기까지

어렸을 때 내 꿈은 라디오 DJ였다. 라디오를 통해 흘러나오는 다양한 목소리, 그리고 사람들의 사연을 연기하듯 읽어주는 DJ들의 목소리를 들으며 목소리만으로 감동을 줄 수 있는 것에 매력을 느꼈다. 성장을 해서는 단정한 모습의 아나운서들이 TV에 나와서 세상의 다양한 소식을 전해주는 모습이 좋아 보였다. 중학교 때부터는 선생님이 되고 싶었다. 다른 사람에게 내가 알고 있는 것을 알려주는 게 좋았고, 무엇보다 동네 친구들의 대장 노릇을 하면서 아이들을 씻겨 주고, 예쁘게 머리를 빗겨 주고, 책을 읽어주는 것이 참 좋았다. 이 꿈은 고등학교까지 이어져, 음악 선생님이 되고 싶다는 구체적인 꿈으로 변모했다.

내가 고3이 되었을 때는 대학 입시가 수능이라는 제도로 바뀌었다. 나는 첫 수능 세대가 되었다. 94학번인 나는 대학에 갈 때 수능을 2번 보고 더 좋은 성적으로 대학을 지원할 수 있었다. 주입식 교육에 익숙해서인지 수능시험이 몹시 어려웠다. 그래서 2번의 시험 성적이 모두 안 좋았다. 성적표는 선생님이라는 꿈에서 나를 더 멀어지게 했고, 나는 성적에 맞추어 한 번도 생각하지 못한 고고인류학과에 지원하게 되었다. 하지만 그 결과는 낙방. 불합격 통지를 받은 날 엄마는 나를 방으로 조용히 부르셔서 간호학과 진학을 제안하셨다. 엄마는 어린 시절 병원에서 아픈 사람들을 돌보는 간호사를 보며 딸을 낳으면 간호사가 되어 사회에 선한 영향력을 끼치는 사람이 되길 원하셨다. 나는 겁이 많은 사람이다. 주사를 놓는 일도, 피를 보는 일도, 그리고 119 소리도 거부감을 느낀다. 하지만 엄마의 간절한 눈빛과 진심 어린 조언이 내 마음을 흔들어 놓았다. 이것이 나를 간호사로 이끈 첫 번째 만남이다. 나는 다음날 간호대학교 원서를 썼고, 당당히 장학금을 받으며 합격했다. 내가 꿈꾸던 것과는 거리가 있는 대학 생활 이어서 적응하기 힘들었지만, 성실함과 책임감으로 학교생활을 열심히 했다.

대학 졸업 시점에는 열심히 공부한 덕분에 교직을 이수하게 되었고, 보건교사 자격증을 받게 되었다. 졸업을 앞두고 나의 어렸을 때 꿈이 선생님이었던 게 생각났다. 처음 간호학과를 입학할 때와는 다르게 보건교사가 되고 싶은 마음이 생겼다. 보건교사가 되는 길은 임용고시에 합격해서 교사로 발령받는 방법과 보건교사 자격증을 가지고 기간제 교사로 일하는 방법이 있었다. 우연히 병원에 갔다가 대학교 동창을 만났는데, 친구와 대화 도중 기간제 보건교사로 일할 수 있는 방법을 알게 되었고 지인의 소개로 시골의 소규모 학교의 기간제 보건교사로 일하게 되었다. 6학급의 작은 학교에서 근무하다 보니 학생들의 운동회 무용지도부터 영어 말하기 대회까지 다양한 경험을 하면서 학생들과 함께 행복하게 생활했다.

결혼 후에는 기간제 교사를 그만두고 노량진에서 임용고시를 준비하게 되었다. 그때 신혼집이 인천이어서 노량진까지 통학하면서 공부했다. 나의 하루는 첫차를 타고 가서 자정이 되어서야 집에 올 수 있었다. 임용고시 공부는 쉽지 않았다. 공부하던 중 첫 아이를 뱄고, 입덧을 참으며 열심히 공부했지만, 그 해는 임용고시에서 떨어지고 말았다. 아이를 낳고, 다시 도전해서 2005년 첫 발령을 받게 되었다. 음악 선생님은 아니지만 보건 선생님이 되어 선생님이란 꿈을 이루게 되었다. 특히, 우리 엄마는 내가 교사가 된 후 엄마 꿈이 간호사도 되고 싶고 선생님도 되고 싶었는데 내가 보건 선생님이 되어서 두 가지 꿈을 다 이뤘다고 엄청나게 좋아하셨다. 그리고 누구를 만나든지 우리 딸은 보건 선생님이라면서 자랑스럽게 말씀하셨다.

2005년 3월, 첫 교직 생활을 전라북도 부안에서 시작했다. 부안 시내에 있는 학교로 학급 수 38학급, 1,400여 명의 학생이 있는 과대 학교로 발령을 받았다. 출퇴근이 총 3시간이 걸리는 데다가 신규 교사가 큰 사업을 맡아서 처리하는 일 때문에 힘들었다. 그 당시에 학교가 도 지정 독서 시범학교여서 희귀 난치병 어린이를 돕기 위한 도서 바자회를 맡아서 추진하게 되었다. 역시 의미 없는 경험은 없다. 교사로 임용되기 전 4년간의 기간제 경력은 도서 바자회를 성공적으로 이끄는 데 많은 도움이 되었다. 3일간 진행된 바자회를 통해 얻은 수익금을 희귀 난치병을 앓고 있는 학생들에게 전달할 수 있었다. 항상 "NO"라는 말을 안 하고 뭐든지 할 수 있다는 생각으로 도전하는 나의 긍정적인 삶의 자세와의 만남이 누군가에게 행복을 나눠 줄 수 있는 계기를 만들었다.

부안에서 1년간 생활하고 남편이 있는 인천으로 근무지를 옮기게 되었다. 10년 동안 전북에서 인천으로 타 시도 전출을 온 사람이 없었는데 나는 3 지역 교류로 2006년 인천으로 오게 되었다. 고향을 떠나 타지에서 생활은 낯설고 어색했다. 물론 가족과 함께라서 다행이었지만, 인천은 나에게 상당히 맘 붙이기 힘든 곳이었다. 2006년 집 근처의 학교로 발령을 받게 되어 걸어서 10분 정도면 학교에 갈 수 있었다. 첫 발령 받은 학교에 갔더니 보건실 현대화 사업부터 청소년 단체(RCY) 지도 교사까지 처음 해보는 일들이 나를 기다리고 있었다. 하지만 긍정적이고 도전정신이 강한 나는 그 일들을 기쁘게 해 냈다. 청소년 단체(RCY) 학생들과의 만남은 교사로서 보람을 느끼게 하는 일이었고, 그때 아이들과 함께했던 추억들은 지금도 내 머릿속에 생생하게 남아 있다. 그렇게 인천에서 교직 생활은 나에게 새로운 세계로 도전을 할 수 있는 만남을 제공했다.

그간 나를 변화시킨 것은 선택의 순간마다 좋은 사람과의 만남이 있었다. 인생에서 만남은 중요하다. 누구를 만나느냐에 따라 인생이 달라지기 때문이다. 내가 여기까지 걸어온 길에는 나를 이끌어 준 좋은 분들과의 만남이 있었다. 단순한 동경에서 시작해 이리저리 헤매던 꿈은 사랑하는 사람들을 만나고 과업들을 거쳐 지금 여기까지 이르렀다. 내 꿈은 처음에는 미약했지만, 지난 시간을 돌아보면서 길목 길목마다 나를 이끌어 주었던 분들이 꼭 계셨다. 좋은 엄마를 만나서 간호사가 되어 보건교사의 길을 걷게 되었고, 좋은 선배를 만나 장학사라는 직업에 도전하게 되었다. 그리고 모든 일에 긍정적인 마음으로 도전했던 또 다른 내가 있었다. 나는 지금 내가 서 있는 곳에서 작게나마 많은 사람에게 선한 영향력을 끼치며 살아가려고 노력하고 있다. 이제는 나도 누군가의 길을 밝혀 줄 수 있는 사람이 되고 싶고, 삶의 여정 가운데 경험했던 희노애락(喜怒哀樂)을 거울삼아 또 다른 꿈을 향해 나아가고 싶다.

2

인생, 사랑 그리고 음악

나는 음악을 좋아한다. 그래서 어렸을 때 꿈이 음악 선생님이었다. 하지만 음악을 전공하기에는 노래 실력도, 악기를 다루는 능력도 턱없이 부족했다. 정말 있는 그대로 음악을 그냥 좋아하는 것뿐이다. 우리 인생이 나의 바람대로 되지 않아서 나는 그냥 음악을 좋아하면서 살기로 했다. 첫 아이를 뱄을 때 클래식 음악을 많이 들었다. 태교를 위해서도 들었지만, 클래식 음악을 듣고 있으면 마음이 편안해지는 걸 그때 처음 느꼈다. 그렇게 첫 아이를 낳았고, 아이는 음악으로 태교를 열심히 해서였는지 피아노 치는 것을 좋아했다.

그러나 클래식보다 더 좋아하는 장르는 가요다.

"제일 좋아하는 말이 있어요. 처음처럼 새롭게 마지막처럼 소중하게. 이렇게 소중한 시간인 줄 알았더라면 조금만 더 아껴서 사용할 걸 하는 후회가 생깁니다. 그 후회가 조금이라도 줄어들 수 있도록 오늘

만큼은 더 소중하게 별밤을 지키겠습니다. 이문세의 별이 빛나는 밤에, 오늘은 믿고 싶지 않은 마지막 방송입니다."

내가 어렸을 때는 라디오 듣는 게 유행이었다. 그래서 친구들과 다음날 모여서 전날 밤에 들은 라디오 사연에 관해 이야기하거나 라디오에서 나온 음악을 공유하기도 했다. 특히, 라디오에서 흘러나오는 음악 듣기를 좋아하고, 음치에 가까울 정도로 노래를 못 부르면서 노래 부르기를 좋아했다. 중학교 시절 나는 마이마이(미니카세트)로 음악을 듣는 걸 좋아했다. 카세트테이프를 이용해서 음악을 듣던 시절, 친구들은 이승철, 신승훈, 변진섭 등 신세대 가수의 음악을 좋아했는데 나는 조용필 노래를 자주 듣고 좋아했다. 그 이유는 노랫말이 너무 좋아서였다.

지금도 나는 조용필의 〈바람의 노래〉, 〈꿈〉이라는 노래를 참 좋아한다. 특히, 〈바람의 노래〉 가사는 정말 시 같다.

"살면서 듣게 될지 언젠가는 바람의 노래를
세월 가면 그때는 알게 될까? 꽃이 지는 이유를

- 조용필, 〈바람의 노래〉 중에서

어린 시절에는 마냥 좋았던 노랫말이 지금은 조금 다르게 들린다. 꽃이 피고 지는 것은 삶의 순리이다. 우리나라는 사계절이 있어서 더욱더 꽃이 피고 지는 것을 시각적으로 실감할 수 있다. 꽃이 피는 계절에는 너무 아름답고, 만물이 소생하는 설렘이 있지만, 꽃이 지는 계절에는 초라함과 쓸쓸함이 느껴진다. 나이를 먹는 순간에도 그렇다. 어린 시절에는 생동감이 넘치고 젊음이라는 패기 하나로 모든 것을 할 수 있지만, 나이가 들면 의기소침해진다. 또한 우리의 삶에서 만나는 인연은 작은 것도 모두가 소중하다. 사람과 사람의 만남, 사람과 자연의 만남, 그리고 사람과 환경과의 만남에도 의미가 있다. 모든 만남이 다 소중하지만, 나와의 만남을 통해 사람은 성장하는 것 같다. 인생은 생각보다 실패와 고뇌의 시간을 경험할 때가 많다. 지금까지 지내 온 시간을 돌아보면 좋은 날보다 힘든 날이 더 많았다. 다만, 그 힘들었던 순간들을 힘들다고 해석하기보다는 또 다른 성장을 위한 경험의 기회로 승화시키면서 긍정적으로 해석하면서 살아왔다.

이렇듯 인생은 시간적인 순리와 만남, 고뇌와 슬픔이 있지만 그 순간순간을 이겨낼 수 있는 것은 "사랑"이 있기 때문임을 깨달았다. 예전에는 글로만 알았던 사랑이라는 단어를 지금은 삶으로 느끼고 표현할 수 있게 되었다. 얼마 전 연수를 갔는데, 연수 강사님께서 삶에서 중요한 가치가 뭐냐고 연수생들에게 물으셨다. 내가 답할 차례가 되었는데 나는 망설임 없이 사랑이라고 대답했다. 강사님은 나에게 "진짜요?"라고 다시 반문하셨다.

삶의 중요한 가치를 사랑이라고 생각하면서 산 건 중학교 시절 조용필 노래를 좋아하면서 내 삶 속에 스며들었던 것 같다. 나는 이 세상 모든 것들을 사랑하기에는 아주 부족한 사람이다. 그냥 사랑을 실천하기 위해서 내가 만나는 사람들과 나에게 주어진 환경 가운데서 노력할 뿐이다.

내가 사랑의 의미를 진정으로 깨닫게 된 것은 두 가지의 계기가 있었다. 첫째는 엄마가 되었던 순간이다. 나에게는 두 자녀가 있다. 첫 아이는 딸이고, 둘째는 아들이다. 둘 다 출산의 과정이 순조롭지 못했다. 첫 아이는 배 속에 있을 때부터 거꾸로 있었다. 의사 선생님께서는 태아가 거꾸로 있다가도 막달이 되면 머리가 아래로 내려가면서 자리를 잡는다고 하셨다. 하지만 우리 아이는 끝까지 거꾸로 있어서 제왕절개로 아이를 낳을 수밖에 없었다. 첫 아이를 맞이한다는 설레는 마음에 나는 임산부가 너무 오버를 한 것 같다. 수술 3주 전에 집 안 대청소, 이불 빨래까지 무리했다. 그날 밤 양수가 터졌고, 결국엔 응급수술로 첫 아이를 만나게 되었다. 수술 일정보다 3주나 빨리 아이가 태어났고, 몸무게는 2.5kg, 신생아실에서 우리 아이가 가장 작았다.

둘째 아이는 4월에 태어났는데 또 오버를 했나 보다. 전날까지 근무하고 다음 날 정기진찰을 받으러 갔는데 자궁문이 열리고 있다며 바로 수술로 아이를 낳아야 한다고 했다. 일주일 전부터 가진통이 심했을 거라는 의사 선생님의 말씀에 나는 며칠 동안 배가 아픈 이유를 그때야 알게 되었다. 그렇게 태어난 두 아이는 작게 태어났지만, 늘 또래보다 큰 키로 성장했다. 자녀를 키우면서 존재 자체로 사랑스러움이 무엇인지 알게 되었다. 무엇을 해서가 아니라 그냥 있는 그대로 너무 예쁘고 사랑스럽다. 김종국의 노래 가사처럼 〈머리부터 발끝까지 사랑스러워〉 그걸 느낄 수 있는 게 자녀였다. 지금은 대학교 3학년, 중학교 3학년이라서 엄마의 품을 떠나 독립적으로 자라고 있지만, 늘 어렸을 때의 모습이 그립고 사랑스러웠던 감정은 잊을 수 없다.

두 번째로 사랑을 느끼는 것은 종교적인 사랑이다. 나의 종교는 기독교이다. 우리 집안은 4대째 기독교 집안이며 나는 엄마 배 속에서부터 교회에 다녔다. 모태신앙으로 자라서 어렸을 때는 나의 믿음이 아니라 부모님의 믿음으로 교회에 다녔다. 내가 예수님의 사랑을 깊이 느낀 것은 임용고시를 공부할 때부터이다. 임용고시 공부를 하면서 첫 아이를 뱄는데, 그때 나는 교회 바로 앞에 살았다. 새벽 5시에 일어나 새벽 기도를 드린 후 첫차를 타고 노량진으로 갔다. 새벽기도를 하면서 주님의 사랑을 깨닫게 되었고, 그때부터 열심히 신앙생활을 하고 있다.

어렸을 때는 글로만 알았던 사랑이라는 단어를, 아이를 낳고, 믿음 생활을 하면서 몸소 느끼게 되었다. 나는 가끔 이런 생각을 한다. 나는 음악을 좋아하니 사랑을 담은 노랫말을 써서 좋은 곡을 만들고 싶다. 곡을 내가 만들 수는 없지만, 사랑을 담은, 인생을 담은 멋진 노랫말을 쓰고 싶다. 그래서 직접 작사한 노랫말을 소개한다.

내가 그대를

작사 윤희

(Verse)
내가 그대를 내가 그대를 자꾸 생각합니다.
내가 그대를 자꾸 그리워합니다.
내가 그대를 자꾸 보고파 합니다.
내가 그대를 자꾸 안쓰러워합니다.

(Verse 2)
그대를 향한 내 마음이 나도 모르는 사이에
자꾸자꾸 커지고 있습니다.
내 마음이 그대에게 닿을 수 없을지 몰라도
여전히 내가 그대를 변함없이 바라봅니다.

(Chorus)

내 하루가 그대 생각으로

가득 채워지는 그리움의 노래

시간이 멈추길 나는 바라요.

그대 향한 내 마음을 진하고 싶어요.

내 인생에서 사랑이 중요했듯이, 누군가에게도 사랑이 큰 파도를 넘을 힘이 될 수 있길 기대해 본다.

3

너라면 할 수 있어!
: 교사에서 장학사로

2005년 3월 1일, 나의 첫 발령일이다. 임용고시 도전에 몇 번 떨어지고 드디어 합격해서 발령받은 날이라서 잊을 수가 없다. 첫해는 기간제 교사로 근무하면서 임용고시를 준비했는데, 학생 수 2,500명인 학교였다. 그때 당시에 홍역의 유행으로 전교생을 대상으로 홍역 예방접종을 실시해야 하는데 전쟁도 그런 전쟁이 없었다. 그렇게 학교생활을 하면서 공부하니 피곤함에 지쳐 공부에 전념할 수 없었다. 첫 번째 시험 결과는 낙방, 어쩌면 당연한 결과였는데 기대가 컸는지 실망도 컸다.

다음 해에는 일을 그만두고 임용고시에만 전념했다. 그러나 도중에 갑작스레 임신하게 되었다. 인천에서 노량진까지 가는 지하철 1호선은 지옥철 같았다. 특히, 입덧으로 힘든 나에게는 한 번에 갈 수 없는 거리였다. 중간에 속이 좋지 않으면 가까운 역에서 내려 검정 봉투를 가방에서 꺼내 입덧을 해결하고 다시 지하철을 타고 가야 했다. 그렇게 공부했는데 그 해도 결과는 낙방, 이제 그만해야 하나 생각이 들었다. 하지만 한번 시작하면 중간에 포기하지 못하는 성격 탓에 일단, 아이를 출산하고 다시 공부를 시작했다. 세 번째 결과는 합격이었다.

임용고시를 도전해 본 사람은 안다. 한번 시작하면 끝장을 볼 때까지 포기할 수 없는 게 고시이다. 나는 힘들 때마다 그 시절을 생각한다. 새벽에 일어나 지하철 타고 노량진에 갔던 길, 그리고 입덧 때문에 몇 번씩 구토하면서 지하철을 오르락내리락했던 길, 노량진역에서 지하철 기다리면서 〈벌써 일 년〉이라는 노래를 들으며 눈물짓던 그 기억을 떠올리면 못 할 일이 없다는 마음이 들면서 초심으로 돌아간다. 그렇게 보건교사가 되어 초등학교 4곳에서 근무를 했다. 내가 가장 좋아하는 소리는 운동장에서 뛰어노는 아이들이 지르는 함성이었다. 힘들고 스트레스를 받다가도 창밖에서 들리는 아이들의 함성을 듣고 있으면 마음이 편안해지고 힘이 나곤 했다.

그렇게 14년을 학교에서 근무하다가 우연한 기회에 교육청에서 파견교사로 근무하게 되었다. 인천광역시교육청은 나에게 너무 낯선 곳이었다. 먼저 건물부터가 학교와는 달리 삭막하다는 느낌이 들었다. 흰 건물에 아무런 꾸밈없이 붙어 있는 교육청 팻말, 그리고 학교 보건실에서 혼자서 근무하다가 30명 남짓의 사람들이 칸막이 하나로 함께 생활하는 공간은 진짜 어색 그 자체였다. 또 교육청에서 하는 일은 학교와는 너무 달랐다. 기획서 작성, 에듀파인, 품의, 예산 수립, 엑셀, 이런 일을 학교에서도 했지만, 스케일 자체가 달랐다.

처음 파견교사로 발령받고 4월 말쯤 나는 초근을 하면서 저녁에 엄청나게 울었다. 무엇이 그렇게 서러웠는지 지금도 잘 모르겠다. 하지만 어렸을 때 이후로 그렇게 소리 내 울어본 적이 처음이다. 나에 대한 실망과 한심함이 아니었을까…. 학교에서 근무할 때도 나는 사업을 기획하고 새로운 일에 도전하는 것을 좋아했다. 파견교사로 근무하다 보니 사업을 기획하고, 그 사업들이 학교 현장에서 구현되는 과정을 통해 보람이 느껴졌다. 그래서 나는 장학사 시험에 도전하게 되었다.

장학사 시험에 응시할 수 있는 자격은 교직 경력 15년이 되어야 하는데 그 해가 딱 15년이 되는 해였다. 그리고 우리 교육청에서 4년 만에 보건 장학사를 선발하게 되었는데 운 좋게 시험에 응시할 수 있었다. 장학사 시험을 준비하면서 장학사가 되는 길이 어렵다는 것을 알게 되었다. 코로나19가 한창 유행하던 때, 퇴근하고 집 근처에 스터디카페에서 공부했는데, 이태원 학원 강사가 내가 다니는 스터디 카페가 있는 건물을 방문하여 코로나 의심 환자가 되어 검사받게 되었다. 시험이 얼마 남지 않는 나는 무척 두려웠다. 코로나19에 걸려 시험을 못 보면 어떻게 하나 걱정이 앞섰다. 다행히 나는 음성 판정을 받았고, 남은 기간 열심히 공부할 수 있었다. 퇴근 후에 스터디 카페를 가서 공부하니 새벽 2~3시까지 수험생처럼 열심히 공부해야 했고, 몇 달 동안 수면시간이 늘 부족했다. 그래도 일단 도전했으니 좋은 결과를 얻고 싶다는 마음에 최선을 다했다.

그 결과 31기 장학사 시험에 합격했다. 합격 소식을 들은 날 너무너무 기뻤다. 그리고 내가 어떻게 여기까지 왔는지 꿈만 같았다. 그때 가장 먼저 생각난 사람은 나를 늘 도와준 가족들이었다. 우리 엄마는 내가 중요한 시험이 있을 때마다 나를 전적으로 도와주셨다. 임용고시를 공부할 때도 아이를 돌봐주시고, 집안 살림까지 해주시면서 시험에만 전념하게 도와주셨는데, 장학사 시험을 준비할 때도 마찬가지였다.

장학사 시험을 공부하는 내내 우리 엄마는 나의 손발이 되어 주셨다. 내가 뭘 하든지 너는 잘할 수 있다고 응원해 주고 믿어 주는 지원자 남편도 늘 내 옆에 있었다. 그리고 그때 큰아이는 고등학생이었는데 같이 스터디 카페에서 공부하면서 공부 파트너가 되어 주었다. 이렇게 가족의 지지 덕분에 장학사가 되었고, 여기까지 온 것 같다.

코로나19와 함께 장학사 시절을 반절 이상 보냈고, 이제는 교감 연수를 받고 또 다른 세상을 준비하며 나아가고 있다. 사람의 인생은 계획대로 되지 않는 것이 분명하다. 그리고 알 수 없다. 다만, 주어진 순간순간을 감사하면서 살다 보니 순간이 합이 되어 하나의 인생이 된 것 같다.

윤 선생에서 윤 장학사로 나의 호칭은 바뀌었다. 윤 장학사의 하루는 컴퓨터 앞에서 시작해서 하루 종일 컴퓨터와 씨름하며 끝난다. 처음에는 민원 전화도 두렵기만 하고, 전체 학교를 대상으로 공문 발송 및 선생님들의 질문에 답하는 일 등 모두가 힘들고 어려웠다. 그리고 시간이 오래 걸렸다. 내 계획대로 하루를 보내지 못하는 날이 더 많아 모든 일이 매일매일 새롭게 다가왔다. 이젠 이 모든 게 나의 하루이다. 갑자기 생기는 급한 일도, 악성 민원도, 학교 현장의 목소리도 모두 나의 일상이 되어 버렸다. 그리고 이제는 학교 현장을 돌아보는 일도, 선생님들의 하소연을 듣는 일도, 학부모의 민원을 받는 일도 자양분으로 생각하면서 긍정의 시선으로 처리하고 있다. 앞으로도 윤 장학사로 얼마나 더 지내야 할지 알 수 없다. 하지만 한 가지 사실은 이모든 일을 통해 나는 성장하고 있다는 것이다.

"나는 날마다 모든 면에서 점점 더 좋아지고 있다."

-에밀 쿠에, 『에밀 쿠에 자기 암시』 중에서

장학사가 된 후에 나는 안목이 넓어졌고, 누군가의 이야기를 들어주는 일에 익숙해졌으며, 경청이 마음을 얻는 일임을 알게 되었다. 진심은 통한다는 말처럼 지금 당장 오해가 있고 풀리지 않는 일이 있다하더라도 진정성을 갖고 다가간다면 시간이 걸려도 해결된다는 진리를 알게 되었다.

　윤 선생의 하루보다 윤 장학사의 하루는 다양하지만, 그 속에서 느끼는 보람이 더 크다는 것을 느꼈다. 내가 존경하는 지인은 늘 이런 메시지를 보내주신다. '선물 같은 하루, 행복하세요.' 윤 장학사가 늘 선물 받은 하루와 만날 수 있길 스스로 응원해 본다.

4

가슴 뛰게 하는 일, 설렘

　나는 교사 시절 봉사활동에 참여하는 것을 좋아했다. 2012년부터 필리핀 해외 봉사활동을 시작으로 여름방학이 되면 캄보디아, 베트남, 몽골 등으로 봉사활동을 다녀왔다. 봉사활동의 기획부터 경비까지 참여하는 교사가 자발적으로 부담했다. 처음 봉사활동에 참여하게 된 계기는 초등학교 3학년 딸과 둘만의 시간을 보내고 싶어서였다. 초등학교 3학년 딸은 봉사활동에 의미를 두기보다는 엄마랑 해외여행을 간다고 마냥 기뻐했다. 그래서 설레는 마음으로 첫 해외 봉사에 참여하게 되었다.

　우리가 찾은 곳은 필리핀 세부에 있는 초등학교. TV에서 본 아이들처럼 열악한 환경, 속옷만 입은 아이들을 상상했는데, 생각과 다르게 교복을 입고 있는 아이들의 모습이 너무 단정하고 예뻤다. 우리가 준비한 활동은 1부에서는 손 씻기, 이 닦기, 건강 부채 만들기, 건강 거울 만들기, 즉석 사진 찍기, 페이스페인팅 등 다양한 체험 부스를 함께 간 학생들과 선생님이 조를 이루어 운영했다. 교육자료는 한국어,

영어로 번역하여 의사소통은 원활했다. 특히, 현지 가이드는 한국말과 영어를 모두 잘해서 우리에게 큰 도움을 주었다. 내가 맡은 부스는 손 씻기였다. 생각보다 학생들은 손 씻기 6단계의 방법을 잘 모르고 있어, 노래에 맞춰 30초간 손 씻기 6단계를 가르쳐 주는 일은 아주 보람되었다.

부스가 끝나고 2부에서는 한국과 필리핀이 하나가 되는 미니올림픽을 했다. 야외 체육관에 모여 이인삼각, 줄다리기, 훌라후프, 이어달리기 등 재미있는 게임을 했다. 학생들과 함께 미니올림픽에 참가하면서 역시 아이들은 몸을 움직이는 체육활동을 좋아한다는 것을 알게 되었다. 그렇게 2012년의 봉사활동을 마쳤다.

그다음 해에는 캄보디아로 봉사활동을 가게 되었다. 캄보디아에 갈 때는 한국에서 아이들 옷을 기부받아 개별 포장을 해서 몇 박스를 가지고 갔다. 톤레사프 호수에 도착해서 싸이의 〈강남스타일〉에 맞춰 춤을 추면서 동네 아이들과 하나가 되었다. 역시 음악은 전 인류를 하나로 연결할 수 있는 통로가 된다는 것을 알았다. 함께 춤을 춘 이후에 신발도 신지 않고, 누추한 모습을 한 아이들에게 포장된 옷을 하나씩 나눠 주었다.

아이들은 너무 예쁜 눈망울로 Thank you를 외치며 받아 갔는데, 그 모습을 보면서 갑자기 눈물이 핑 돌았다. 이 아이들과 나이가 비슷한 한국 또래 아이들은 부모님께 어리광 부리며 사랑을 받으면서 지내고 있는데, 어린아이들이 팔찌를 가지고 다니면서 원·달러를 외치며 판매하고 있는 모습, 옷을 입을 둥 마는 둥 속옷만 걸치고 맨몸으로 다니는 모습, 그리고 하나라도 더 받고 싶어서 줄도 서지 않고 앞으로 나오는 모습들이 짠하고 맘이 아팠다. 하지만 한 가지 놀라웠던 것은, 아이들이 우리보다 열악한 환경에 처해 있지만, 미소만은 잃지 않고 있다는 점이었다.

주요 봉사활동은 밥 퍼 봉사였다. 우리는 캄보디아 다일공동체에 방문하여 준비해 간 금일봉을 전달한 후 각자의 위치에서 점심 식사 준비에 나섰다. 하루에 300명 이상의 어린이에게 점심을 나눠 주는데, 점심을 먹기 위해 1시간 이상을 걸어오는 아이들도 있다고 말했다. 내가 맡은 역할은 계란말이를 만드는 것이다. 지금까지 그렇게 많은 계란말이는 처음 말아 본 것 같다. 날씨도 더운데 불 앞에서 몇 시간 동안 서 있으려니 아주 힘들었지만, 아이들이 맛있게 먹을 생각과 정갈한 모습으로 만들어지는 계란말이를 보면서 벅찬 마음이 앞섰다.

그렇게 2시간 정도 점심을 준비하고, 12시부터 300여 명 아이들에게 점심 식사를 제공했다. 아이들은 생각보다 어른처럼 밥을 많이 먹었고, 또 맛있게 먹었다. 함께 참여한 학생들은 한국에서 먹는 밥보다 맛있다면서 현지의 아이들과 함께 즐거운 식사 시간을 보냈다. 점심 식사 후에는 다 함께 식당을 청소하면서 더욱 가까워진 모습으로 눈빛을 교환하며 이야기를 나눴다.

　그 이후에도 인천 보건교사회를 통해 베트남, 몽골, 말레이시아 등으로 매년 봉사활동을 갔다. 이 시간을 생각하면 지금도 입가에 미소가 저절로 지어진다. 나도 그렇지만 우리 딸은 한참 동안 몽골에서 만난 친구와 페이스북을 통해 연락을 주고받기도 했다. 수년간 해외 봉사활동을 하면서 딸은 조금씩 성장해 갔고, 사춘기와 맞물려 있던 시기를 현명하고 건강하게 보낸 것 같다.

　돌아오는 비행기 안에서 딸과 나눴던 대화 중 지금도 기억나는 게 있다. 초등학교 3학년인 딸은 "엄마, 비행기 타서 너무 좋아요. 그리고 필리핀 친구들을 만나서 내가 뭔가를 해줄 수 있다고 생각했는데, 그 친구들이랑 함께하면서 내가 더 고마움을 배운 것 같아요."라고 말하며 다음 해에도 또 가고 싶다고 했다.

　딸의 이야기를 들으면서 봉사활동이 그 어느 것보다 값진 경험이라고 생각했다. 사람이 무언가를 배우는 통로는 여러 가지이다. 책을 통해서, 경험을 통해서 배울 수 있지만 가장 오래 남는 건 체화된 경험이라고 생각한다. 현지에서 보고 듣고 배운 내용들은 우리 딸의 삶에서 흔적으로 남아 있으며 하나도 버릴 것 없는 경험이 되었을 거라 믿는다. 생활양식, 언어, 문화가 다르지만 하나가 될 수 있었던 공통점은 서로를 향한 관심과 사랑이었던 것 같다.

앞으로도 기회가 되면 해외 봉사활동을 계속하고 싶다. 필리핀, 베트남은 성문화, 흡연, 마약 등의 청소년 문제가 심각한 상황이었다. 베트남에서 한–베 가정 학부모를 대상으로 '부모가 알아야 할 자녀 성교육 십계명'이라는 주제로 성교육 연수를 진행했다. 연수에 참여한 학부모들은 지금까지 듣지 못한 성 인지 감수성, 경계 교육, 동의, 경청 부모 되기 액션 러닝 등 실생활에서 실천할 수 있는 자녀 성교육 연수에 집중했다.

또한 연수 후에는 사춘기 자녀를 키우며 고민하는 성 문제뿐만 아니라 흡연, 마약 노출에 대한 심각성에 대해서도 토로하며, 앞으로 이런 교육을 많이 듣고 싶다고 했다. 나는 여러 자리에서 강사로 활동했지만, 지금도 잊을 수 없는 강의 중에 하나로 기억하고 있다. 해외 봉사활동을 하면서 내가 좋아하는 일과 하고 싶은 일을 알게 되었다. 봉사활동을 하면서 현지에서 만난 아이들을 볼 때면 가슴이 뛰었다. 나이가 들어서도 아이들과 함께하며 계속 가슴 뛰는 일을 하고 싶다. 그래서 오늘도 나를 움직이는 원동력을 만나기 위해 계속 도전하고 있다.

5

아침의 메시지, 기대감

매일 아침 6시가 되면 카톡 알람이 울린다. 그건 하루도 빠짐없이 365일 나에게 보내주시는 소중한 지인들의 메시지이다. 어떤 일을 하면서 한두 번은 할 수 있지만 지속해서 하기란 쉽지 않은데 그분들은 나에게 한결같이 메시지를 보내주신다. 이 글을 통해 감사의 마음을 전하며 한 분 한 분 소개하고 싶다.

나는 고등학교 때 세계 지리 선생님을 존경했다. 과목이 좋아서가 아니라 가르치는 선생님이 좋아서였다. 그 시간을 늘 기다리며 수업 시간에도 열심히 수업을 들었다. 보통 그 과목을 좋아하면 성적이 좋다. 하지만 난 그냥 선생님이 좋았나 보다. 성적은 별로였다. 고등학교 졸업 이후 선생님은 인천으로 전근을 가셨다. 그런데 우연히도 나는 교사가 되었고, 인천에서 근무하게 되었다. 인천에 올라와서 교사로 근무하던 중 선생님의 안부가 궁금해서 '스승 찾기'를 통해 선생님의 근무지를 찾았다.

역시 우리 선생님은 인천 모 학교 교장선생님이 되어서 근무하고 계셨다. 선생님께 전화드렸더니, 너무나도 반갑게 나를 기억하고 계셨고, 난 그 해 스승의 날 선생님을 찾아갔다. 선생님은 인천에 올라와서 장학사를 거쳐 교감, 교장까지 승진하셨다. 선생님은 제자가 교사가 된 것을 자랑스러워하시며, 학교 직원들 한 분 한 분께 나를 소개해 주셨다. 또한 선생님은 예전부터 믿음이 좋으셨는데, 학교에 근무하시면서 신학을 공부하신다고 하셨다. 왜냐하면 퇴임 이후에 목회하고 싶어서 미리 준비하는 과정이라고 하셨다.

그날 이후로 선생님은 늘 아침마다 직접 쓰신 설교 말씀을 보내주신다. 그것도 하루 빠짐없이. 선생님께서 보내주시는 메시지를 읽으면서 내가 느낀 건 정성스러운 글은 다른 사람의 마음에 감동을 전해줄 수 있다는 것이다. 그래서 나는 선생님을 예전보다 더 존경하고 닮고 싶어졌다. 왜냐하면 나도 글쓰기를 좋아하고, 누군가와 공유하는 것을 좋아하기 때문이다.

두 번째는 얼마 전에 퇴임하신 교장선생님이시다. 나는 교장선생님과 같은 학교에서 근무한 적도, 교육청에서 같은 부서에서 근무한 적도 없다. 다만, 우연한 기회에 그분을 알게 되었는데, 아침마다 메시지를 보내주시는 그룹에 나를 넣어 주신 것 같다. 매주 목요일에는 직접 쓰신 글, 일요일에는 성경 말씀, 그리고 나머지 요일에는 좋은 글

귀들을 직접 찾아 보내 주신다.

"하루에 한 번씩 자신을 격려하는 셀프 칭찬 어떨까요?
잘하고 있어, 괜찮아 용기를 내봐 힘들었지?
그 어려운 일 잘 해냈구나! 대단해."

그날 아침 한참 동안 멍한 상태로 앉아 있었다. 나의 모습을 돌아보게 된 것이다.

나는 다른 사람을 자주 칭찬한다. 그래서 함께 근무한 주무관님은 내 별명을 '칭찬봇'(기계적으로 칭찬만 하는 사람)이라고 부른다. 왜냐하면 작은 일에도 늘 다른 사람을 칭찬하기 때문이라고 한다. 이런 내가 과연 나를 얼마나 칭찬했나?

나 자신에게는 엄격했다. 그런데 진정으로 자신에게 힘을 줄 수 있는 것은 다른 사람이 아니라 나 자신임을 다시 한번 느꼈다. 그 글을 읽고 난 후 하루에 한 번씩 나를 칭찬하고 있다. 칭찬하다 보니 어려운 일이 있더라도 일어설 수 있는 위로와 힘을 느낄 수 있었다.

다음은 교육청에서 만난 상담사님이시다. 상담사님을 알게 된 지는 2019년부터다. 그분은 지금까지 하루도 빠짐없이 새벽 6시에 'JESUS Calling'이라는 메시지를 보내주신다. 이분은 무려 100명의 지인에게 아침마다 메시지를 보내신다고 한다. 그 정성이 정말 대단하시다. 함께 말씀을 나누는 좋은 동역자이다. 지금은 근무지를 옮기셔서 자주 뵐 수 없지만 매일 아침 글로 만나니 늘 함께 근무하고 있는 것 같다.

마지막은 내가 사랑하는 우리 엄마이다. '엄마'라는 단어는 듣기만 해도 가슴이 뭉클하고 또 용기 나는 말이다. 우리 엄마는 매일 아침 나에게 기도문을 보내주신다. 어머니의 기도는 땅에 떨어지지 않고 다 이루어진다는 말처럼 우리 엄마는 나를 위해 늘 축복 기도문을 보내주신다. 내가 힘든 일이 있을 때는 위로의 글을, 기쁜 일이 있을 때는 나보다 더 기뻐하는 글을, 그리고 무엇보다 부족한 딸인데 늘 내가 자랑스럽다고 칭찬하고 격려해 주신다. 엄마는 늘 내 덕분에 행복하다고 말씀해 주신다.

나는 이 글을 쓰면서 참 행복한 사람이라고 생각했다. 왜냐하면 매일 아침 나를 기억하고 좋은 글을 보내주시는 지인들 덕분이다. 그래서 나도 얼마 전부터 짧은 시를 쓰기 시작했다. 그 글을 지인들과 공유하고 있다. 솔직한 글만큼 사람의 마음을 움직일 수 있는 것이 없다는 생각에 솔직하고 따뜻한 글을 써서 전하려고 노력하고 있다. 자작 시를 소개해 보고 싶다. 그리고 나의 작은 바람은 시집을 발간하는 것이다. 그날을 기대하며 오늘도 열심히 글을 써 본다.

내 인생의 시그널

윤희

날씨가 흐리니까
마음이 괜스레히 심란하다

해님을 볼 땐 마음도 덩달아 기뻤는데
먹구름 잔뜩 낀 하늘을 보니
마음마저 어두워지려 한다

사계절로 계절을 경험하듯
우리 인생에도 계절이 있다

지금 내 인생의 계절은 언제일까?

봄, 여름, 가을, 겨울
그 어느 계절도 놓칠 수 없는 순간이 있듯이
내 인생에도 그 어느 하나 그냥 보낼 수 없는
소중한 순간들이 있다

사람마다 다른 계절

순간마다 다른 감정

시간마다 다른 경험

이 모든 것들의 합이

내 인생의 계절을 알려주는

소중한 시그널이다

6

맨발 걷기,
또 다른 나와의 만남

요즘 맨발 걷기의 매력에 푹 빠져 있다. 맨발 걷기를 시작하게 된 계기는 존경하는 과장님의 권유로 시작했다. 하지만 잠을 잘 때도 양말을 신고 자는 나에게 맨발 걷기란 부담스러운 일이었다. 2024년 3월 중순쯤, 처음 맨발 걷기를 시작한 날이었다. 아직 추웠는데 맨발로 걸었다. 발에 감각이 마비되는 것 같았다. 그리고 왜 그렇게 발바닥은 아픈지, 후회가 밀려왔다.

하지만 이젠 월요일이 되면 맨발 걷기를 가는 게 나의 일상이 되었다. 월요일 맨발 걷기 모임을 '월 밤'이라고 부른다. 일주일에 한 번 월요일에 맨발 걷기를 하는데, 시간이 지나도 발바닥이 아픈 건 계속되었다. 처음에는 땅만 보고 걷던 내가 시간이 지나면서 주변의 나무도 보고, 하늘도 보면서 걷게 되었다. 월 밤 덕분에 월요병이 없어지고, 함께 걷는 분들을 기다리는 기대감까지 생겼다. 월 밤에 가면 맨발로 30분 정도 걸어서 중간 지점인 아인스월드(야인시대) 세트장 앞 공터에 모인다.

그리고 그곳에서 몇 가지 의식을 한다. 먼저, 동그랗게 서서 자기소개와 맨발 걷기 후 소감을 돌아가면서 발표한다. 처음에는 소감을 매번 말해야 하는 게 부담이 되었는데, 지금은 참여한 분들의 다양한 소감을 듣는 게 기대된다. 특히, 몇 주 전 월 밤 걷기 소감 발표는 마음에 울림이 있었다. "월 밤은 그리움이다. 한 주를 쉬고 나오니 이 길이 그립고, 여러분이 그리웠다.", "처음 월 밤에 나왔다. 망설였지만 나오기 참 잘했다는 생각이 들었다. 앞으로도 열심히 나오겠다.", "월 밤이 좋다. 사람이 좋다." 등등 솔직한 나눔의 시간은 발바닥뿐만 아니라 마음마저 따뜻하게 했다. 그 이후에는 삼삼오오 모여 발 사진을 찍는다. 너무 감사하게도 사진을 잘 찍는 장학사님 덕분에 매주 작품 사진을 볼 수 있다. 그다음은 손을 모으고 구호를 외친다. 구호는 월 밤 지기님의 선창에 따라 "일일부도보 심신생청록(一日不徒步 心身生靑綠), 월 밤은 읽걷쓰 한다."를 큰 소리로 외친다. 구호를 외친 후 단체 사진을 찍고 왔던 길로 30분 정도 되돌아간다.

다시 돌아갈 때는 지인들과 이야기도 나누고, 바람 냄새를 맡고, 하늘의 달과 별들을 보며 월 밤의 정취를 느낀다. 시작 지점에 도착해서는 다시 한번 구호를 외치고, 돌아가면서 악수를 한 후 마지막 인사를 나누고 헤어진다. 이렇게 매주 함께하는 분들은 20명 정도. 그 중 빠짐없이 참석하시는 분들이 계셔서 참 좋다.

얼마 전부터 나에게 변화가 생겼다. 월 밤으로 일주일에 한 번만 맨발로 걷던 내가 이제는 매일 저녁 맨발로 걷고 있다. 월요일은 부평에서 걷고, 나머지 요일은 나 혼자 인하 공전 운동장에서 걷는다. 맨발 걷기를 매일 매일 하게 된 이유는 몇 가지 건강의 변화를 느끼면서였다.

나는 잠을 한번 자면 잘 깨지 않지만, 조그만 고민이 있어도 잠을 못 잔다. 물론 아직 불면증 약을 먹을 정도는 아니지만 아주 예민하다. 그런데 맨발 걷기 이후 잠을 깊이 자고 있다. 또 한 가지는 하지 부종으로 종아리 통증이 심한데 통증이 줄어들고 다리가 가벼워지고 있다.

그래서 초근을 하고 늦은 시간에 귀가 하더라도 꼭 인하 공전 운동장에 들러서 걷기를 하고 집에 간다. 저녁 시간 맨발 걷기는 밤공기를 마시며 상쾌하게 걸을 수 있어 너무 좋다. 월 밤 걷기는 몇 달이 되어 가지만, 나 혼자 걷기는 아직 한 달이 채 되지 않았다. 생각보다 많은 사람들이 맨발 걷기를 하고 있다. 밤 10시가 넘은 시간에도 삼삼오오 모여 맨발 걷기를 하는 사람들 덕분에 겁 많은 나도 학교 운동장을 돌 수 있다.

앞으로 목표는 몸에 습관이 자리 잡을 때까지 매일매일 빠짐없이 하루에 30분이라도 맨발 걷기를 실천하는 것이다. 인하 공전 운동장을 한 바퀴 돌면 6분이 걸린다. 그래서 10바퀴를 돌고 집에 간다. 10바퀴를 돌면서 이런저런 생각을 한다. 하루를 지내며 기뻤던 일, 그리고 풀리지 않는 문제를 고민해 보기도 하고, 보고 싶은 얼굴들을 떠올리기도 한다. 그렇게 하다 보면 60분이라는 시간은 금방 흘러간다.

　주말에는 아들 친구 엄마와 함께 월미산에 간다. 나는 월미산을 참 좋아한다. 그 이유는 둘레길을 걸으며 바다를 볼 수 있고, 정상에 올라가면 인천 대교 넘어 영종도까지 보이는 경치가 좋기 때문이다. 예전 같으면 신발을 신고 걸었을 길을 맨발로 걷기 시작했다. 월미산에는 약 40분 정도 맨발로 걸을 수 있는 둘레길이 있다. 맨발로 걸으며 내년이면 고등학생 될 아들을 위해 이벤트를 계획했다.
　중학교 졸업 기념으로 아들 친구 가족과 함께 3박 5일 정도 휴양지로 여행을 가기로 했다. 우리는 이미 그 나라에서 여행하는 것처럼 들뜬 기분으로 한참 이야기를 나눴다. 생각만으로도 행복한 시간이었다. 혼자 맨발로 걷는 시간이 나와의 만남을 통해 대화하는 시간이라면, 같이 맨발 걷는 시간은 타인 그리고 세상과 만나 대화하는 시간인 것 같다.

　맨발 걷기의 성지로 무의도 하나개 해수욕장을 꼽는다. 하나개 해수욕장을 갈 기회가 있었는데 아쉽게도 몸이 아파서 못 갔다. 기회가 된다면 가족들과 함께 하나개 해수욕장을 맨발로 걸어보고 싶다. 날씨가 더 추워지기 전에 선선한 가을날 저녁, 노을을 보면서 바다 냄새를 맡으며 걷고 싶다.

맨발 걷기를 통해

첫째, 행동 변화를 이끌어 주는 주변의 좋은 조력자와의 만남

둘째, 행동이 체화되어 일상이 되기까지 일정한 고뇌의 시간을 견디게 해준 의지와 만남

셋째, 그 행동을 유지하면서 느끼는 내면의 성취감과 행복을 만났다.

맨발 걷기는 좋은 사람과의 만남, 의지와의 만남, 그리고 행복을 만나게 해준 통로가 되었다.

7

도전, Keep going!

어린 시절을 생각해 보면 나는 책 읽기를 좋아하지 않는 아이였다. 핑계를 대 보자면 우리 아빠는 초등학생에게 신문을 읽게 했다. 그러나 신문처럼 글밥이 많고, 재미없는 기사를 어린이가 좋아할 리는 없었다. 우리 집 책꽂이에는 아빠가 사 주신 이원수 작가의 『문학전집』이 있었다. 나는 더더욱 읽고 싶지 않았다. 왜냐하면 일단 전집이 부담스러웠고, 그림 없는 책은 시간이 너무 많이 걸려 읽고 싶지 않았기 때문이다. 그래도 늘 신문을 스크랩해 주시고, 꼭 읽어야 한다고 말씀해 주시는 아빠 덕분에 짧은 글이라도 늘 읽어야 했고, 감사의 글을 써야 하는 습관이 생겼다.

시간이 흐른 뒤 나는 첫 아이를 뱄고, 태교에 부쩍 신경을 쓰게 되었다. 그때 나는 매일 소리를 내 배 속에 아이에게 책을 읽어주었다. 아직 아이가 태어나지도 않았는데 온갖 좋은 책들을 사서 밤마다 잠자기 전에 소리 내 책을 읽어주었다. 그때부터 책을 낭독하는 일에 흥미가 생겼다. 소리 내어 읽다 보면 내용에 따라 일인다역을 해야 했다. 그렇게 배 속 아이는 태어났고, 조리원에서 4주를 지낸 후 집에 오자마자 아이에게 또 책을 읽어주기 시작했다. 우유 먹고 자고, 배변 활동이 전부인 신생아에게 내 목소리로 책을 읽어 주기고 하고, 새로 산 동화 테이프를 틀어 주기도 했다.

그때 든 생각은 책 읽기를 좋아하는 아이로 키우기 위해서는 먼저, 책을 쉽게 접할 수 있는 환경을 만들어 주고, 처음에는 시각적인 흥미를 느낄 수 있는 책을 보여줘야겠다고 생각했다. 그래서 거실에 TV를 없애고 벽면 전체에 책장을 짜서 책을 꽂기 시작했다. 아이에게 잠자기 전에 책을 읽는 일은 당연한 일이 되었으며, 난 피곤하더라도 꼭 아이에게 책을 읽어줘야 했다. 결국 아이는 『말하는 남생이』라는 책을 좋아하게 되었고, 어느 정도 커서는 그 책의 내용을 외우기까지 했다.

첫 아이는 나의 바람대로 어렸을 때부터 책 읽기를 좋아했고, 그 습관 때문인지 지금도 책 읽기를 참 좋아한다. 아이의 꿈은 영화감독이다. 대학 전공과는 다르게 '왜 영화감독이 되고 싶을까?' 생각해 보니 두 가지 이유 때문이다. 첫 번째는 어렸을 때부터 책을 많이 읽어서 그런지 상상력이 풍부하고 주변을 인지하고 바라보는 시선이 독특하다. 두 번째는 영화 보는 것을 좋아하는 남편 덕분에 어렸을 때부터 영화를 많이 봤다.

우리 딸은 지금도 계속 시나리오를 쓰고, 감독을 하면서 영화를 만들고, 다큐를 찍고 있다. 시나리오부터 편집까지 모두 혼자 한다. 그런 모습을 보며 책을 통한 간접경험이 정말 중요한 일임을 알았고, 이제는 그 간접경험을 바탕으로 창조적인 활동을 하고 있어서 대견하다. 그래서 나는 핸드폰에 딸을 '창조적 소수'라고 저장해 두었다. 딸(창조적 소수)은 새로운 문제에 부딪힐 때마다 창조적 역량을 발휘하여 문제해결의 길을 찾는다. 가지고 있는 성향은 자율적이고 독립적이며, 현 상황에 순응하기보다는 현상에 도전하는 특성을 보인다. 익숙한 환경을 낯설게 볼 수 있는 열린 시선이 있으며, 작은 것에도 선택과 집중할 수 있는 예민함이 있다. 얼마 전 사랑을 주제로 만든 다큐가 있었는데, 지나칠 수 있는 사소한 일상을 카메라에 담았다. 그리고 그 사건 사건마다 연결고리를 만들어 하나의 완성된 작품을 만들었다. 인생에서 중요한 가치로 사랑을 뽑는 나에게 사랑 다큐는 오랫동안 감동을 주었다. 얼마 전 딸이 쓴 시나리오를 함께 낭독했다. 낭독하면서 시나리오에서 말하고자 하는 메시지를 알 수 있었고, 역할에 몰입하며 마치 성우가 된 것 같은 기분을 느꼈다.

매일 아침 나는 글을 한편씩 녹음한다. 녹음해서 지인과 함께 낭독된 파일을 공유한다. 내가 하고 싶은 버킷 리스트 중 하나는 시각 장애인에게 글을 낭독해 주는 일을 하고 싶다. 목소리가 좋아서가 아니고, 발음이 좋아서도 아니다. 그냥 진심을 담아 읽어주고 싶고, 함께 나누고 싶은 마음 때문이다. 그리고 기회가 된다면 영어 공부를 열심히 해서 영어로도 낭독해 보고 싶다. 만남이라는 문을 열고 또 다른 세상에 나가보니 그곳에는 늘 무언가에 도전하고 도전을 통해 희열을 느끼는 내가 있었다. 얼마 전 신문에서 1860년생인 모지스 할머니에 대한 기사를 읽었다. 할머니는 76세 나이에 그림을 그리기 시작해 80세가 넘어 첫 전시회를 열고 100세를 넘겨서까지 왕성하게 그림을 그린 화가로 활동을 했다. 물론 모지스 할머니처럼 그 나이까지 도전할 수 있을지 모르겠지만, 삶의 길목 길목에서 만나는 만남을 통해 나의 도전은 계속된다.

지금, 보건실의 온도는 따뜻함입니다

보건실은 오늘도 학생들의 발걸음 소리로 가득합니다.

그곳엔 아픔을 호소하는 학생도, 마음의 짐을 풀어놓고 싶은 아이도 찾아오지요.

보건교사로서 우리는 그들의 이야기에 조용히 귀 기울이며, 몸과 마음의 상처를 어루만지고, 다시 힘을 내어 앞으로 나아갈 수 있도록 손을 잡아줍니다.

이 책은 그런 순간마다 학생들과 함께 울고 웃으며 성장하는 보건교사들의 이야기입니다.

'마음', '동행', '도전', 그리고 '만남'이라는 네 가지 주제를 통해 아이들과 나눈 소중한 순간들, 그 속에서 함께 성장하고 더 넓은 곳에서 자신의 꿈을 펼치고자 노력하는 우리들의 여정을 담았습니다.

이 책이 독자 여러분에게 작은 위로와 새로운 도전에 나설 용기를 건네었기를 바랍니다.

지금, 보건실의 온도는 따뜻함입니다.